APA POCKET GUIDES

TÜRKISCHE
RIVIERA

D1729449

APA PUBLICATIONS

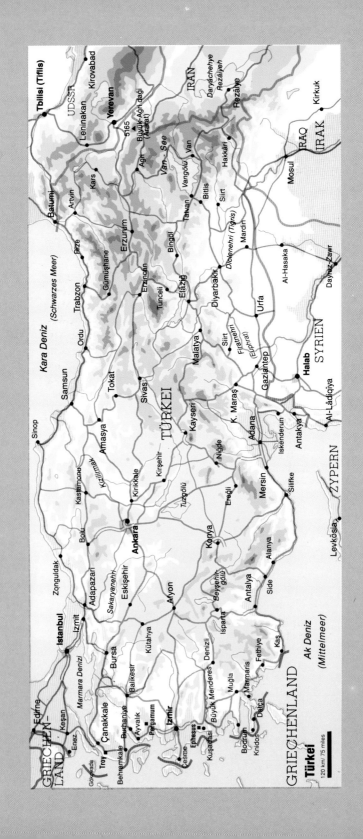

Türkei

120 km / 75 miles

Willkommen!

Mit der Türkischen Riviera sind berühmte historische Persönlichkeiten verbunden wie Alexander der Große, Antonius und Kleopatra, denen sie ein romantischer Zufluchtsort war, oder der Apostel Paulus (Epheserbrief). Heute ist sie ein attraktives Urlaubsziel mit imposanter Landschaft, hochinteressanten Ausgrabungsstätten und perfekten Wassersportbedingungen.

Auf den folgenden Seiten stellt Metin Demirsar das beste aus dieser Region vor. In 14 Tagestouren, ausgehend von vier zentralen Reisezielen – Bodrum, Marmaris, Fethiye und Antalya –, wird die Küste von Westen nach Osten erkundet. Abstecher zu interessanten Orten wie Ephesus nördlich von Bodrum oder dem Schildkröten-Strand bei Dalyan sind ebenso eingeplant wie Bootsausflüge zu den nahe gelegenen Inseln. Zu allen Tourenvorschlägen gehören Hinweise auf Rast- und Erfrischungsmöglichkeiten, im Anschluß finden sich Kapitel mit Tips zum Einkaufen und Restaurantempfehlungen, Veranstaltungshinweisen und praktischen Reiseinformationen. Für einige Touren ist ein Leihwagen sinnvoll, auf anderen Teilstrecken sind öffentliche Verkehrsmittel eine echte Alternative.

 Metin Demirsar lebt als Journalist in Istanbul und besucht die Türkische Riviera inzwischen seit über 20 Jahren – mal beruflich, mal ganz zum eigenen Vergnügen. Er wurde während dieser Zeit Zeuge großer Veränderungen, erlebte, wie aus kleinen Fischerdörfern große Feriensiedlungen entstanden. Bei all dem blieb er ein leidenschaftlicher Fan der Region, ihrer Geschichte und Archäologie; die idyllischen Buchten und die Fischrestaurants am Meer sind für ihn der perfekte Ausgleich zum hektischen Alltag in Istanbul.

I N H A L T

Seite 2/3: Sommerfreuden an der Türkischen Küste

Seite 8/9: Folkloristische Tanzvorführung

Register 93–95

Die Türkische Riviera, ein Küsten-
streifen, der sich von der griechischen Grenze bis nach Syrien erstreckt, entwickelte sich Ende der achtziger Jahre zu einem der weltweit führenden Reiseziele. Türkische Riviera, das bedeutet kilome-
terlange Sandstrände, von Pinien gesäumte Buchten, zahllose Fi-
scherdörfer und idyllische Marktflecken. Einige der ältesten Kulturen – Hetither, Ionier, Karer, Lydier und Lykier – prägten diese
Region, deren Geschichte von romantischen Abenteuern, Völker-
wanderungen, gewaltsamen Einmärschen und blutigen Eroberungen
gekennzeichnet ist. Persische Armeen, römische Legionen, Kreuzritter und türkische Krieger moslemischen Glaubens hinterließen hier
ihre Spuren.

Von den Hethitern zu den Lykiern

Schriftlichen Überlieferungen zufolge beherrschten die Hethiter als
erste organisierte Volksgruppe die Türkische Riviera. Allerdings be-
wohnten bereits seit 600 000 v. Chr. Höhlenmenschen die Gegend,
die dank fortschrittlicher Technik Pfeilspit-
zen, Schaber und andere einfache Gerä-
te aus Stein herstellten.

Die Hethiter fielen zwischen
2300 und 1900 v. Chr. in Anatolien ein und beherrschten von
Hattush im nördlichen Teil des
zentralen Kleinasien aus einen
Großteil von Mittel- und Westanatolien. Der Feudalstaat zählte bis zu seiner Niederlage gegen die Assyrer im Jahre 717
v. Chr. zu den dominierenden
Mächten der Region.

Vom 13. Jh. v. Chr. an suchten
indoeuropäische Volksgruppen
Anatolien heim. Einige friedliche,
wie beispielsweise die Ionier, siedelten an der Küste und übernahmen die Sitten und Götter

Hethitischer Löwe

Die Ruinen des alten Troja

der Einheimischen. Andere hinterließen eine Spur der Verwüstung.
Die Hethiter und weitere einheimische Völker, darunter die Trojaner,
litten darunter am stärksten.

Indoeuropäische Invasoren aus
Thrakien oder Phrygien zerstörten
Hattush um 1180 v. Chr. Sie tauch-
ten um 1160 an der Küste auf und
gewannen entlang der Ostgrenze der
Region allmählich die Oberhand.
Das Leben an der Küste beeinfluß-
ten sie durch den Ausbau der Han-
delsrouten, auch Königliche Straßen
genannt. Eine davon verlief ostwärts
von Izmir über Dorylaion
(Eskiŕehir), Ankara und Boazkale,
eine andere weiter im Süden von Sardis durch Zentralanatolien und
die Kilikische Pforte. Beide endeten in Susa, einer Stadt im westlichen Iran, an die heute nur noch Ruinen erinnern. Die Phryger, deren sagenumwobener König Midas angeblich alles, was er berührte,
in Gold verwandelte, machten Gordium im Nordwesten Anatoliens
zu ihrer Hauptstadt.

Die Kimmerier aus dem Kaukasus zerstörten Gordium um 690
v. Chr. und setzten damit dem phrygischen Reich ein Ende. Das Gebiet ging dann im Reich der Lydier auf, die Sardis, in der Nähe des
heutigen Manisa, zu ihrer Hauptstadt erkoren. Die Lydier, die die
Küstenregion 150 Jahre lang beherrschten, erfanden Münzgeld zum
Zwecke des Tauschhandels. Durch die Übernahme verwaisten phrygischen Landes kamen sie mit Persien in Kontakt und erweckten die
Mißgunst seiner Könige. Eine persische Armee unter König Kyros
besiegte die Lydier und eroberte den Küstenstreifen, an dem sich
selbständige ionische, karische und lykische Stadtstaaten herausge-
bildet hatten, die mittels einheimischer *Satrapen* (Gouverneure) regiert wurden.

Die Ionier waren vor 900 v. Chr. aus Griechenland eingewandert.
Ihr Einfluß reichte von dem Gebiet nördlich von Izmir bis Milet im
Süden. Im 8. und 7. Jh. v. Chr. entstanden im Zuge der panioni-
schen Liga zwölf Städte mit Kolonien entlang den Dardanellen, am
Schwarzen Meer und am Marmarameer. Ihr kultureller Einfluß war
enorm: So war der Tempel der Diana in Ephesus ein Meisterwerk
ionischer Architektur, und das Mausoleum von Halikarnassos (heute Bodrum) zählte zu den Sieben Weltwundern der Antike.

Die Lykier, ein uraltes Volk, das Zypern überfallen und mit den
Hethitern, Persern und Römern gekämpft hatte, siedelten im zerklüfteten Bergland von Xanthos. Sie widersetzten sich jeglicher Be-
vormundung und zogen bisweilen sogar den Massenselbstmord einer
Fremdherrschaft vor. Noch heute findet man an der Küste zahlreiche Gräber.

Die Karer gehörten zu den Ureinwohnern der heutigen Provinz Mugla. Diese einheimischen Anatolier waren berühmte Seefahrer, die alten Chroniken zufolge in der Marine ägyptischer Pharaonen und des Perserkönigs Xerxes dienten. Mylasa und Halikarnassos waren ihre Hauptstädte, Labraynda ihr religiöses Zentrum.

484 v. Chr., zur Zeit der persisch-griechischen Kriege, wurde Halikarnassos von einer karischen Dynastie regiert, deren berühmtestes Mitglied Königin Artemisia war. Als der Perserkönig Xerxes seinen Einmarsch nach Griechenland vorbereitete, schloß sich Artemisia seinen Truppen an und steuerte etliche Kampfschiffe bei. Während einer verheerenden Seeschlacht im Jahre 480 veranlaßte ihre außerordentliche Tapferkeit Xerxes zu dem Ausruf: „Meine Männer haben sich als Frauen erwiesen und meine Frauen als Männer."

Ihr Goldenes Zeitalter erlebten die Karer unter König Mausolos, einem von den Persern ernannten Satrapen. Er verlegte die Hauptstadt von Mylasa nach Halikarnassos und siedelte dort die Bevölkerung von sechs karischen Städten an. Die Stadtmauern der bedeutenden Metropole sind zum Teil noch erhalten.

Nach dem Tod des Königs im Jahr 353 v. Chr. regierte seine Frau und Schwester, Artemisia die Jüngere. Ihrem Gatten ließ sie ein herrschaftliches Grabmal errichten, dem wir den Begriff Mausoleum verdanken. Während ihrer dreijährigen Amtszeit gelangte Artemisia zu Ruhm, indem sie als bedeutende Strategin zum Sieg gegen die Rhodier beitrug.

Griechen, Römer und Byzantiner

Insgesamt wurde Anatolien etwa 200 Jahre lang von Susa aus regiert. Im allgemeinen herrschten die Perser mit milder Hand und beschränkten sich auf das Ausheben von Soldaten und die Festsetzung von Steuern.

334 v. Chr. fegte die Armee Alexanders des Großen über die türkische Küstenregion hinweg und befreite auf dem Wege zur Weltmacht die ionisch-griechischen Städte Kleinasiens vom persischen Joch. Ephesus, Side, Phaselis und weitere Küstenstädte öffneten Alexanders Armee Tür und Tor. An die Stelle der persischen Oligarchie trat in diesen Städten eine Demokratie griechischer Prägung. Nach Alexanders Tod fiel die Region an seine Feldherren, zunächst an Antigonos den Einäugigen und später an Lysimachus.

Während der sogenannten hellenistischen Epoche (323–330 v. Chr.) zerfielen die grie-

Amphitheater in Phaselis

Kampfszene auf dem Sarkophag Alexanders

chischen Stadtstaaten. Nach dem Vorbild der mazedonischen Monarchie entstanden große Königreiche. Durch den einheitlichen Gebrauch der griechischen Sprache und die Übernahme griechischer Institutionen bildete sich eine gemeinsame Kultur heraus. Die Folge war ein spektakuläres Wirtschaftswachstum.

190 v. Chr. kamen die ersten Römer nach Kleinasien, um Griechenland gegen die Angriffe der Seleukiden zu verteidigen. Der König dieser makedonischen Dynastie in Syrien war Antiochus III. Über Jahre hinweg paktierten die Römer mit den anatolischen Königreichen, vor allem mit Pergamon, das sie als eine Art Pufferstaat zwischen Rom und dem Seleukidischen Reich betrachteten. Deshalb lag ihnen daran, die Grenzen Pergamons zu sichern und seine Interessen in Kleinasien zu wahren. In den römischen Feldzügen in Griechenland und Kleinasien sowie in der entscheidenden Schlacht von Magnesia, die der Vorherrschaft der Seleukiden in Kleinasien ein Ende bereitete, war Pergamons militärische Unterstützung ausschlaggebend. Die riesigen Herrschaftsgebiete Antiochus III. fielen an Rom.

Die Römer übertrugen die Verwaltung Kleinasiens an Pergamon, das sich an Roms Außenpolitik halten mußte. Diese Bindung sollte sicherstellen, daß das westliche Kleinasien im Sinne Roms regiert wurde, aber die Verantwortung dafür letztlich in den Händen der Könige von Pergamon lag. 133 v. Chr. vermachte Attalus III., der letzte pergamenische König, Rom den königlichen Besitz Pergamons sowie die Hegemonie im westlichen Kleinasien.

Der direkte Kontakt mit den Griechen in Kleinasien beeinflußte Religion und Kultur der Römer. Sie begeisterten sich für griechische Literatur und Philosophie, übersetzten Homer und übertrugen den Stil des griechischen Dichters auf ihre Epen über die Geschichte Roms. Die Kinder der römischen Oberschicht lernten Griechisch.

Als Kaiser Konstantin 330 die neue Hauptstadt Konstantinopel gründete, verlagerte sich das Zentrum des Reiches ostwärts. Die ständige Teilung des Reiches in Ost und West führte zu einer allmählichen Angleichung des römischen Kleinasien an die griechisch-ana-

Yilankale bei Adana

tolische Welt. Nach dem Zusammenbruch Westroms im 5. Jh. nahm das griechisch dominierte Byzantinische Reich bis ins 15. Jh. die Stelle des lateinisch-römischen Imperiums ein.

Um das Jahr 40 verbreitete sich das Christentum, ausgehend von Antiochien, unter dem Einfluß des hl. Paulus im gesamten östlichen Mittelmeerraum. 300 Jahre später war das Christentum die vorherrschende Religion in Kleinasien.

Die Türken

1070 trugen die seldschukischen Türken, ein nomadischer Kriegerstamm aus den Steppen Zentralasiens, das islamische Banner nach Jerusalem, und 1071 schlugen sie die byzantinische Armee bei Mantzikert vernichtend. Innerhalb von 20 Jahren nahmen sie einen Großteil Anatoliens ein: Sie herrschten über den Bosporus und bedrohten sogar Konstantinopel (1092). Die Küste befand sich fest in türkischer Hand.

Mit dem Ziel, die gespaltene christliche Welt zu einen und das Heilige Land zu erobern, finanzierte der Vatikan fast 400 Jahre lang Kreuzzüge, aber die Kreuzritter vermochten die türkischen Gegner nicht zurückzuschlagen. Schauplatz der Kämpfe war die Küste.

Als räuberische Kreuzfahrer 1204 Konstantinopel plünderten, wurden Tausende von orthodoxen Christen getötet, großartige Bauten zerstört und unschätzbare Werke nach Venedig verschleppt. Die byzantinischen Kaiser flohen ins nahe gelegene Nicaea, das heutige Iznik, und in Konstantinopel wurde ein lateinisches Kaisertum eingesetzt. Obgleich die byzantinischen Herrscher die Stadt 1261 zurückeroberten, erholte sich Konstantinopel nie mehr von der Plünderung. Die Zeit war reif für die Osmanen.

Dieser Volksstamm war zunächst nur ein winziges seldschukisches Fürstentum. Indem es Streitigkeiten zwischen anderen türkischen

Herrschern und die Schwächen des Byzantinischen Reiches ausnutzte, vereinte es die Türken in Anatolien und eroberte den Balkan. 1453 fiel Konstantinopel an eine osmanische Truppe unter Sultan Mehmed II.

Seine Blütezeit erlebte das Osmanische Reich unter Süleiman dem Prächtigen (1522–1566). Es erstreckte sich damals von den Toren Wiens, das 1529 belagert wurde, bis zur Spitze der Arabischen Halbinsel. Die Flotte der Osmanen beherrschte das gesamte Mittelmeer.

Ein türkischer Krieger

Nach Süleimans Tod begann der Niedergang, ausgelöst durch den Frieden zu Karlowitz (1699) und den damit verbundenen Verlust von Territorien. In der zweiten Hälfte des 18. Jh.s war Rußland Hauptgegner der Osmanen. Im Friedensschluß von Kütschük Kainardschi mußten sie den Russen freie Schiffahrt im Schwarzen Meer einräumen sowie Krim und Kaukasus abtreten. Das zaristische Rußland und das Osmanische Reich führten insgesamt 17 Kriege. Der Unabhängigkeitskrieg der Griechen (1821–1830) führte zum Verlust von Peloponnes und Mittelgriechenland.

Anfang des 20. Jh.s taumelte das Reich von einem Krieg in den nächsten. Im Ersten Weltkrieg schlug es sich auf die Seite Deutschlands und der Donaumonarchie, und danach besetzten die Briten Istanbul, die Italiener Bodrum, Marmaris, Antalya und den Südwesten, die Franzosen Kilikien.

Im Mai 1919 marschierten griechische Truppen in Izmir ein. Drei Tage später landete Mustafa Kemal Pascha (Atatürk), der die Alliierten zuvor bei Gallipoli besiegt hatte, in Samsun und begann den nationalen Kampf um die Unabhängigkeit. Unter Atatürk formierte sich der türkische Nationalismus: Die Griechen wurden geschlagen, die Franzosen zurückgedrängt. Nachdem auch Italien seine Soldaten abgezogen hatte, unterzeichneten die Alliierten 1922 den Waffenstillstand. Im Friedensvertrag von Lausanne (1923) wurden die noch heute gültigen Grenzen der Türkei anerkannt; ferner hob man die Kapitulation auf und leitete den Minderheitenaustausch zwischen Griechenland und der Türkei ein.

Die Moderne

Am 28. Oktober 1923 wurde die Türkei zur Republik ernannt und Atatürk zu ihrem ersten Präsidenten. Neue Hauptstadt war Ankara. Atatürk richtete seine Politik auf Europa aus und setzte einschneidende Reformen durch: Eine umfassende Rechtsprechung nach westlichem Vorbild ersetzte das heilige islamische Gesetz, die Scharia. 1925 wurde der Fez, Symbol islamischer Orthodoxie, verboten und der *sapka* eingeführt, ein Hut nach westlichem Schnitt. 1928 trat das lateinische Alphabet an die Stelle des osmanischen. Frauen, bislang Bürger zweiter Klasse, erhielten das Wahlrecht und wurden aufgefordert, in den Staatsdienst zu gehen. Aus den Wahlen im Jahr 1936 gingen 18 weibliche Abgeordnete hervor.

In dieser Zeit war die Türkische Riviera weitgehend vergessen. Bis in die frühen achtziger Jahre lag ihr touristisches Potential brach, doch dann gab es kein Halten mehr. Die Region profitierte davon, zumindest in wirtschaftlicher Hinsicht. Aus kleinen Fischerdörfern wurden große Städte mit gut ausgestatteten Jachthäfen sowie ausgedehnten Hotel- und Apartmentanlagen, die im Sommer Saisonarbeiter aus dem armen Hinterland anlocken.

Gegen die Probleme der übrigen Türkei ist diese wohlhabende Region aber nicht immun. Im Juni 1994 bekannte sich die Kurdische Arbeiterpartei PKK zu einer Serie von Bombenattentaten in den beliebten Badeorten Fethiye und Marmaris. Mit den Anschlägen verfolgte die PKK zwei Ziele: Der Kampf um Selbstbestimmung sollte ins internationale Rampenlicht gerückt und der türkischen Wirtschaft Schaden zugefügt werden.

Badespaß an der Türkischen Riviera

Zeittafel

Altsteinzeit (600 000 v. Chr.): Bewohnte Höhlen von Karain, Beldibi und Belbasi (nahe Antalya).

2000–1200 v. Chr. Die Hethiter machen Hattush zu ihrer Hauptstadt und erweitern ihren Herrschaftsbereich um Zentral- und Westanatolien.

1100–1200 Äolische und ionische Griechen siedeln an der ägäischen Küste.

900 Aufstieg der Karer, Lykier und Phryger.

800 Blüte der ionischen und äolischen Kultur in Westanatolien.

700 Aufstieg der Lydier.

650 Kimmerier zerstören viele der westanatolischen Städte.

561–546 Regierungszeit des lydischen Königs Krösus.

546 König Kyros von Persien besiegt Krösus. Beginn der persischen Herrschaft über Westanatolien.

499 Ionische Städte lehnen sich erfolglos gegen die Perser auf.

386 Persien unterwirft Ionien.

334 Um sein Reich zu erweitern, marschiert Alexander der Große in Westanatolien ein.

133 Tod von Attalus III.; das Königreich Pergamon fällt Rom zu.

44–56 n. Chr. Der hl. Paulus missioniert Süd- und Westanatolien.

330 Konstantin macht Konstantinopel zur neuen Hauptstadt des Römischen Reiches.

667–718 Arabische Armeen verwüsten Süd- und Westanatolien.

1071 Seldschukische Türken besiegen in der Schlacht von Mantzikert die Byzantiner und fallen in Anatolien ein.

1096 Auf ihrem ersten Kreuzzug nach Jerusalem fallen die Römer in West- und Südanatolien ein.

1240 Osmanische Türken kommen als Vasallen der Seldschuken nach Westanatolien.

1242 Die Mongolen beenden die Vorherrschaft der Seldschuken in Anatolien.

1451 Die Osmanen unter Mehmet II. nehmen Konstantinopel ein und nennen die neue osmanische Hauptstadt Istanbul.

1520–1566 Süleiman der Prächtige regiert. Blüte des Osmanischen Reiches, Einnahme von Rhodos, Bagdad, Ungarn und Libyen.

1699 Erste osmanische Niederlage und Friede zu Karlowitz. Verlust etlicher zentraleuropäischer Territorien.

1914 Die Türkei tritt an der Seite von Deutschland in den Ersten Weltkrieg ein. Rußland, Frankreich und Italien erklären der Türkei den Krieg.

1918 Niederlage der Türken im Ersten Weltkrieg.

1919–1922 Türkischer Unabhängigkeitskrieg. Die Griechen unterliegen den Türken und ziehen aus Anatolien ab.

1923 Der Vertrag von Lausanne besiegelt die Souveränität der modernen Türkei. Festsetzung der Grenzen, Austausch von Minderheiten mit Griechenland. Abschaffung von Sultanat und Kalifat. Atatürk wird erster Präsident der Republik Türkei.

1925–1938 Atatürk reformiert Wirtschaft und Gesellschaft nach westlichem Vorbild.

1960, 1971, 1980 Das Militär übernimmt die Macht.

1982 Unter Staatspräsident Kenan Evren tritt eine neue Verfassung in Kraft.

1983 Aus den freien Wahlen geht Turgut Özal als Ministerpräsident hervor.

1991 Süleyman Demirel (DYP) wird zunächst Ministerpräsident und 1993 Staatspräsident.

1996 Tansu Çiller und Necmettin Erbakan teilen sich das Amt des Regierungschefs; laizistischer Kurs der Regierung. Mit einem Hungerstreik setzen Kurden humanere Haftbedingungen durch.

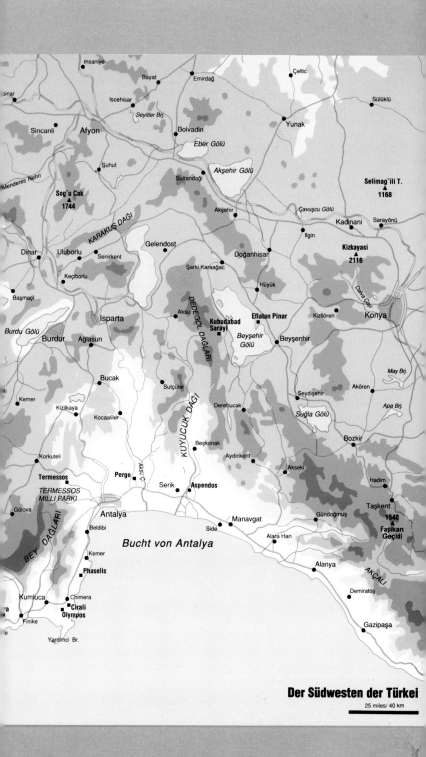

Der Südwesten der Türkei

25 miles/ 40 km

Bodrum

Die Partystimmung, der unkonventionelle Lebensstil und ein breitgefächertes Angebot an Restaurants verleihen Bodrum ein internationales Flair, das vor allem junge Ausländer und westlich orientierte Türken anlockt. Sie wollen sich vergnügen, tagsüber am Strand und nachts in den zahlreichen Straßenkneipen, Diskos und Bars. Die Einheimischen behaupten, daß Bodrum „zu 30 Prozent aus Sex, zu 25 Prozent aus Liebe und zu 45 Prozent aus Erholung" bestehe.

In der Antike hieß die von den Karern beherrschte Stadt Halikarnassos. 334 v. Chr. eroberte sie Alexander der Große, und auch nach seinem Tod blieb sie griechisch-römisch, bis sie im Jahre 654 bei der arabischen Invasion in Anatolien dem Erdboden gleichgemacht wurde. Erst 1402 hörte man wieder von ihr, als der orientalische Despot Tamerlan, dessen Heer in Anatolien einfiel, Halikarnassos den Johannitern übergab. Die Kreuzritter errichteten eine Burg, die sie nach ihrem Schutzheiligen St. Peter tauften, und nannten die Stadt Petronium, wovon sich die heutige Bezeichnung Bodrum ableitet. 1522, als der osmanische Sultan Süleiman der Prächtige die Festung der Johanniter auf Rhodos einnahm, gaben sie die Stadt auf.

Bodrum ist ein kleines Städtchen, das man zu Fuß in 45 Min. durchqueren kann. Fünf Stunden reichen aus, um die Sehenswürdigkeiten zu besichtigen. So bleibt ausreichend Zeit für Ausflüge zu nahe gelegenen Buchten und Dörfern.

Blick auf den Hafen von Bodrum

Besuch der St.-Peters-Burg, Kamelritt am Kai, Mittagessen im Hafen. Spaziergang zu den Ruinen des Mausoleums von Halikarnassos und zum Amphitheater. Mit dem Taxi nach Gümbet zum Schwimmen und Windsurfen.

Unser erster Tag in Bodrum beginnt mit einem Bummel durch die lebhafte Stadt. Wir spazieren am Ufer entlang zum Hafen, dann hinauf zur **St.-Peters-Burg.** Die Besichtigung der Festung und des darin untergebrachten **Museums für Unter-**

St.-Peters-Burg

wasser-Archäologie dauert etwa zwei Stunden. Im Sommer ist das Gebäude täglich von 12–15 Uhr, im Winter von 12–13 Uhr geschlossen. Im Hochsommer steht die Sonne fast senkrecht über Bodrum – schützen Sie sich also mit einer Kopfbedeckung.

Die gut erhaltene St.-Peters-Burg wurde zwischen 1402 und 1503 von den Johannitern errichtet, auch Orden vom Spital zu Jerusalem, Ritter von Rhodos oder Malteser genannt. Diesem katholischen Orden gehörten Adelige aus acht verschiedenen Ländern an. Die Festung diente ihnen nicht nur als Stützpunkt während ihrer Überfälle auf die ägäische Küste, sondern auch als Versteck für die von den Türken verfolgten Christen; die Ordensleute hielten dem Bernhardiner ähnliche Hunde, die die Verfolgten aufspürten und sie in Sicherheit brachten. 1522 mußten sie sich nach Malta zurückziehen, nachdem die Osmanen ihren Hauptstützpunkt Rhodos erobert hatten.

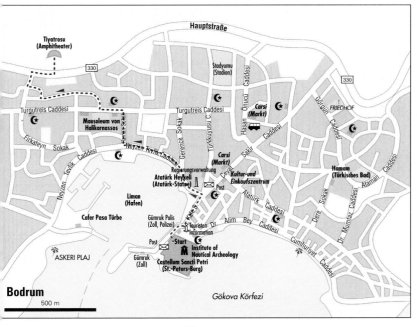

In der St.-Peters-Burg

Für den Bau ihrer Festung benutzten die Johanniter die Überreste des nahe gelegenen Mausoleums von Halikarnassos, das vermutlich im 11. Jh. v. Chr. durch ein Erdbeben zerstört worden war. Noch heute finden sich in den Burgmauern grünliche Mauersteine, Statuen und Marmorplatten des Mausoleums. Mitte des 19. Jh.s entfernten britische Archäologen mit Erlaubnis des osmanischen Sultans diese Marmorplatten aus der Burg und brachten sie nach London, wo sie neben anderen Statuen und Friesen des Mausoleums im Britischen Museum ausgestellt sind. Ein Relief, das die Briten seinerzeit mitnahmen, stellt „Amazonomachie" dar, die Schlacht zwischen Griechen und Amazonen.

Den Türken diente die Festung während des griechischen Aufstands von 1824 als militärischer Stützpunkt, später wurde sie zu einem Gefängnis für politische Häftlinge umfunktioniert.

Wir betreten die Anlage durch das äußere Tor am Hafen und gehen die Steinrampe hinauf. Eine Zugbrücke und mehrere Torbogen, die das Johanniterwappen tragen, führen in den äußeren Burghof. Hier befindet sich die **Kapelle der Kreuzritter**, in der ein Teil der Bestände des Museums für Unterwasser-Archäologie (eröffnet 1960) ausgestellt ist.

Die spektakuläre Sammlung mit den ältesten bekannten Schiffswracks der Welt ist dem **Institute of Nautical Archeology (INA)** zu verdanken, einem selbständigen Forschungsinstitut, das mit der A&M University in Texas zusammenarbeitet und 1973 von George Bass, einem renommierten amerikanischen Meeresarchäologen, gegründet wurde. An der Südwestküste der Türkei waren die Mitarbeiter des INA auf über 125 antike Schiffe gestoßen, die sie auf Karten verzeichneten. Etwa ein Zehntel der Exponate des Museums stammt von Ausgrabungen auf dem Lande.

In der gotischen Kreuzritterkapelle, dem heutigen „Bronzezeit-Saal" des Museums, sind Gegenstände aus der Zeit um 2500 v. Chr. ausgestellt, die bei Ausgrabungen in **Musgebi** auf der Halbinsel Bodrum gefunden wurden. Außerdem kann man Bronzestäbe und Amphoren besichtigen, die George Bass und seine Tauchmannschaft aus einem über 3000 Jahre alten Schiff am **Gelidonya-Kap** an der Südwestküste der Türkei bargen.

Seit 1982 untersuchen Bass und sein Team das bislang älteste geborgene Schiffswrack. Es stammt aus dem 14. Jh. v. Chr. und wurde bei **Uluburun** (nahe **Kas**) entdeckt. Man fand dort einen goldenen Adler-Anhänger, eine mykenische Vase, baltische Bernsteinperlen, einen Elfenbeinzahn, ein aus einem Lammschädel gearbeitetes Trinkgefäß, eine Amphore, ein kanaanisches Schwert, einen goldenen Kelch und vieles mehr.

Im Burghof, der als Freilichtmuseum dient, sind Amphoren, Statuen und Töpferarbeiten ausgestellt. Ein hübsches Café lädt zu einer Rast ein, bevor wir die Besichtigung fortsetzen. Rechter Hand sind im **Schiffswrack-Saal** Rumpf und Ladung eines Schiffes aus dem 11. Jh. zu sehen, das in der seichten Bucht **Serçe Limani** 38 km südwestlich von Marmaris gelegen hatte. Hinter der Bronzezeithalle führen Treppen zum **Gläsernen Wrack,** einer Ausstellung Hunderter von bunten Glaskrügen, Flaschen und Vasen, die 1977 aus dem Wrack von Serçe Limani geborgen wurden. Man nimmt an, daß das Schiff Glasbruch aus Arabien in die Türkei befördern sollte, dabei auf Grund lief und sank. Taucher bargen über zweieinhalb Tonnen Bruch und unvollendet gebliebene Produkte. Im gleichen Saal dokumentiert ein Modell, wie die Ausgrabung eines gesunkenen Schiffs vonstatten geht.

Ein besonders schöner Teil der Burg wird oft übersehen: der Garten mit je einem Exemplar aller Bäume und Pflanzen, die in Mittelmeerregionen heimisch sind.

Auf dem Hügel hinter der Halle mit dem Gläsernen Wrack steht der **Italienische Turm.** Das einstige Quartier der italienischen Ritter beherbergt heute den **Münzen- und Juwelensaal** mit Pretiosen aus mehreren Jahrhunderten. In einer Galerie gleich dahinter liegen die sterblichen Überreste einer karischen Prinzessin, deren Grabstätte bei Bauarbeiten in der Nähe von Bodrum entdeckt wurde. Außer dem Sarkophag, Schädel und Knochen fanden Archäologen eine goldene Myrtenkrone, Armreifen und Juwelen. Britische Mediziner haben eine Nachbildung der Prinzessin angefertigt, die ebenfalls zu besichtigen ist.

Weiter links steht der **Französische Turm;** in den Gewölben, die beide Türme verbinden, residierte einst der Burgherr. Wir überqueren nun den nördlichen Burggraben, um zum **Englischen Turm** in der abgelegensten Ecke der Anlage zu gelangen. An der Westwand erkennt man die Wappen des englischen Königs Edward IV. und die der beiden Johanniter-Komturen Sir Thomas Shefield und John Kendall. Entlang der östlichen Mauer kommt man zum **Verlies,** einem Turm, in dem moslemische Gefangene eingekerkert wurden. Auf dem Sturz der inneren Tür steht auf lateinisch: INDE DEUS ABEST (dt. „Hier gibt es keinen Gott"). Oberhalb liegt das **Massengrab der Galeerensklaven** mit den Skeletten von 13 Menschen, die zu Tode gefoltert wurden.

Im **Deutschen Turm** hängen die Banner germanischer Stämme sowie Köpfe und Geweihe von Antilopen. Der Turm dient heute

Bereit für einen Kamelritt?

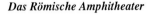

als Café. Links, mit Blick auf die Landenge und das Zentrum von Bodrum, steht der **Schlangenturm.** Sein Name leitet sich von einem schlangenförmigen Fries her, der ursprünglich zum Mausoleum gehörte und Zeus, den obersten Gott der alten Griechen, als Schlange darstellt. Der Turm dient zur Aufbewahrung von Amphoren und ist nicht zugänglich. In der Nähe findet man ein Mosaik aus römischer Zeit. Über den unteren Innenhof verlassen wir nun die Burg.

Im Hafen haben Sie Gelegenheit, einen zehnminütigen Kamelritt zu unternehmen. Ein Kamel wiegt fast eine Tonne und kann bis zu vier Personen gleichzeitig tragen. Die schaukelnde Gangart der Wüstenschiffe ist für Neulinge und Kinder ein besonderes Vergnügen! Essen Sie anschließend inmitten der Jachten am Kai zu Mittag, wobei Sie *meze*-Vorspeisen wie *kalamar* (kurz gekochter zarter Tintenfisch, in Olivenöl und Zitronensaft mariniert, mit grünem Salat und Tomaten) probieren sollten.

Nach dem Mittagessen machen wir einen Spaziergang durch die Neyzen Tevfik Caddesi am Hafen vorbei zum Mausoleum von Halikarnassos. Die halbkreisförmige Straße ist nach einem einheimischen satirischen Lyriker des frühen 20. Jh.s benannt, der die türkische Flöte *ney* virtuos beherrschte, was zu seinem Beinamen führte.

Hinter der Moschee biegen wir bei der **Hamam Sokak** rechts ab und gehen bergauf. Bei der **Turgutreis Caddesi** führt der Weg nach links. Das **Mausoleum von Halikarnassos** liegt hinter einer Mauer auf der linken Straßenseite, am Eingang wird eine kleine Eintrittsgebühr erhoben. Für die Besichtigung braucht man etwa zwanzig Minuten.

Das Mausoleum, eines der Sieben Weltwunder der Antike, war der gewaltigste Grabbau der griechischen Welt. Die einstige Pracht läßt sich heute nur noch erahnen, denn bis auf das Fundament, ein paar Mauerreste und umgestürzte Säulen ist nichts davon übriggeblieben.

Das Grabmal, das Königin Artemisia ihrem Ehemann und Bruder Mausolos errichten ließ, hatte ursprünglich ein Fundament aus hellgrünem Stein. Darauf stand ein Ringtempel mit 36 Säulen, der einen pyramidenförmigen Aufbau trug. In alten Chroniken heißt es, daß dieser Aufbau von einer Quadriga, einem Viergespann, gekrönt war. Das Bauwerk hatte eine Grundfläche von 26 m^2 und war insgesamt 42 m hoch. Auf dem Gelände befindet sich auch ein Miniatur-Nachbau des Grabmals.

Eine von Kristian Jeppesen geleitete dänische Expedition entdeckte 1970 weitere Marmorplatten und Friese, auf denen die Schlacht zwischen Griechen und Amazonen dargestellt ist. Die beiden britischen Archäologen Lord Stratford und C.T. Newton machten Mitte des 19. Jh.s unabhängig voneinander Ausgrabungen auf dem Gelände; dabei fanden sie mehrere Reliefs und die zwei riesigen Standbilder

von Mausolos und Artemisia, die im Britischen Museum zu sehen sind.

Nur ein paar Schritte entfernt (auf der anderen Seite der Straße Bodrum-Izmir) liegt das römische Amphitheater, von dem sich ein schöner Blick auf ganz Bodrum bietet.

Nach der Besichtigung packen wir unsere Badesachen ein und nehmen ein Taxi bis **Gümbet,** einem etwa 5 km von Bodrum entfernten Dorf mit herrlich langem Sandstrand. Wer kein Taxi nehmen möchte, kann sich auch mit anderen Sonnenhungrigen einen der regelmäßig zwischen Bodrum und Gümbet verkehrenden Sammel-Jeeps teilen, die vom Busbahnhof (Nähe **Cevat sakir Caddesi**) abfahren.

Gümbet bedeutet „Wasserzisterne"; das Dorf wurde nämlich nach den weißgekalkten kuppelförmigen Wasserbehältern benannt, die in den Hügeln der Umgebung stehen.

Seit Windsurfen 1982 als offizielle Sportart anerkannt wurde, hat sich Gümbet einen Namen unter Profis gemacht. Die Hügel und die lange, tiefe Bucht schützen die Surfer vor gefährlichen Küstenwinden, und dank der milden Winter kann man sogar noch im Dezember surfen! Die Ausrüstung verleihen die Hotels Ayaz, Park Palas und Sami. Außerdem werden andere Wassersportarten wie Wasserski, Bananenboot, Kanu oder Parasailing angeboten. Der Strand ist aber auch zum simplen Baden und Sonnen zu empfehlen!

Vor dem Abendessen in Bodrum halten wir unterwegs beim **Grab von Cevat Sakir Kabaagaçli** (1890–1973), einem Schriftsteller, der als „Fischer von Halikarnassos" berühmt wurde. 1925 wurde er wegen seiner politischen Einstellung nach Bodrum verbannt, das daraufhin zu einem Magneten für Gleichgesinnte wurde. Auf dem einfachen Grabstein sind die Worte „Balikçi merhaba" (dt. Hallo, Fischer) zu lesen. Kabaagaçli lebte fast 25 Jahre lang in Bodrum.

Nach einer Verschnaufpause im Hotel können Sie durch das Zentrum von Bodrum schlendern, entlang einladender Geschäftsstraßen wie Kale Sokak, Dr Alim Bey Caddesi und Cumhuriyet Caddesi. Zwischen Sonnenaufgang und Mitternacht ist die Innenstadt für Fahrzeuge gesperrt. Mit etwas Glück trifft man internationale Größen wie Phil Collins, Barbara Streisand oder Prinz Charles, die sich als Gäste von Ahmet Ertegün, dem türkisch-amerikanischen Besitzer von Atlantic Records, des öfteren in Bodrum aufhalten.

Bei **Mehmet Çengel** (Çarsi Mahalesi Belediye Meydani) und **Asian Carpets and Kilims** (Dr Alim Bey Bedesteni, Cumhuriyet Caddesi) können Sie handgewebte Wollteppiche aus Milâs erstehen.

Nicht nur als Souvenir gut

Echte Schwämme aus Bodrum

Eine gute Auswahl handgefertigter Lederwaren finden Sie bei **Yaban Sandalet Matsan Ticaret** (Cumhuriyet Caddesi, 39). Einer der letzten Sandalenmacher von Bodrum ist Serafettin Özbas, dem Sie in seinem Laden **Seref Sandlet** (Cumhuriyet Caddesi, 168) bei der Arbeit zusehen können. Lederjacken und Schaffell-Mäntel aus Istanbul erhält man bei **Centrum Leather** (Cumhuriyet Caddesi, Dr Alim Bey Bedesteni) und bei **Kontes** (Cumhuriyet Caddesi, 50) sowie in Dutzenden weiterer Läden. Und natürlich kann man in Bodrum, der „Hauptstadt der Schwammtaucher", auch an jeder Straßenecke günstige Badeschwämme erstehen.

Sollten Sie inzwischen Appetit bekommen haben, kehren Sie doch im geselligen **Kortan Restaurant** (Cumhuriyet Caddesi, 32) ein, das in einem alten Gebäude untergebracht ist und gegrillte Fleisch- und Fischspezialitäten bietet. Anschließend können Sie das Nachtleben Bodrums erkunden, doch achten Sie auf den Hinweis „Damsz Girilmez" am Eingang mancher Bar oder Disko: Hier haben Männer nur in Damenbegleitung Zutritt. Getränkepreise können von Lokal zu Lokal erheblich schwanken, vor allem bei Live-Musik. Wundern Sie sich also nicht, wenn der Fruchtcocktail in einer Bar dreimal soviel kostet wie nebenan in der Disko! Unser Kneipenbummel beginnt im anspruchsvollen und sehr beliebten **Halikarnas Bar and Night Club** (Cumhuriyet Caddesi, 178), einer Open-air-Disco am Meer, die mit einem Odeon und einem von Säulen umgebenen Amphitheater an eine griechische Akropolis erinnert. Auf der riesigen Tanzfläche haben mehrere hundert Personen Platz. Die Atmosphäre in der **Sensi Bar** (Cumhuriyet Caddesi, 43) ist dagegen eher herzlich. Von der Terrasse der zweistöckigen Open-air-Bar aus kann man das Treiben auf der Straße beobachten.

Wer gerne Folk-Musik hört, geht gleich nebenan ins **Beyaz Ev,** das „Weiße Haus". Hier können Sie Tanju Ersek und Yavuz Çetin hören, ein inzwischen ziemlich beliebtes

Bodrum bei Nacht

Duo, das bekannte Blues und Rock-Songs vorträgt.

Rick's Bar (Cumhuriyet Caddesi, 134) wird vor allem von jungen Briten frequentiert, und in der **Big Ben Bar** am Ufer (Cumhuriyet Caddesi) treten die populären Popmusiker Harun Kolçak und Ben Denizo auf. Höhepunkte einer nächtlichen Kneipentour sind das überfüllte **Yetigari** (Dr Alim Bey Caddesi, 36) und die **Hadi Gari Cafe Bar** nebenan. Probieren Sie einen der berühmten Drinks, vielleicht einen knallharten B-52.

2. Fahrt nach Milâs

Der Tagesausflug in das Umland von Bodrum beginnt mit der mittelalterlichen Festung von Beçin Kale. In Milâs besuchen Sie das Gümüskesen-Mausoleum. Weiter führt unsere Fahrt zum karischen Heiligtum Labraynda. Besichtigung der einzigen Teppichfarm der Welt. Fahrt nach Gümüslük, zu den Ruinen von Myndos.

Nach einer langen Nacht ist eine geruhsame Fahrt ins Landesinnere genau das Richtige. **Milâs** liegt 65 km (etwa eine Autostunde) nördlich von Bodrum. Sollten Sie für Ihren Ausflug einen Wagen benötigen, so finden Sie in der Neyzen Tevfik Caddesi einen Verleih.

Die Autofahrt nach Milâs auf der Hauptstraße Richtung Izmir ist angenehm: Die Strecke verläuft zunächst parallel zur Küste über sanfte Hügel nach **Güvercinlik**, einem Ferienort an einer langen, weiten Bucht. Von hier aus geht es ins Landesinnere, vorbei an Obstgärten, Olivenhainen und Baumwollfeldern. Noch vor der Bezirkshauptstadt Milâs liegt linker Hand die Teppichfarm Ildiz, der wir aber erst am Nachmittag einen Besuch abstatten.

Bevor Sie Milâs besichtigen, sollten Sie bei der alten türkischen Festung **Beçin Kale** (14. Jh.) haltmachen, deren exponierte Lage einen herrlichen Blick auf das umliegende Tal eröffnet. Man erreicht sie über die Schotterstraße, die bei der Kreuzung der Straßen Bodrum–Izmir und Milâs–Mugla abzweigt.

Gleich nach dem Betreten der Zitadelle stoßen Sie rechter Hand auf einige Marmorstufen. Man nimmt an, daß es sich um Reste eines antiken Tempels handelt. Ganz in der Nähe der Festung steht das eindrucksvolle Gebäude der **Ahmet-Gazi Medresesi**, einer islamischen Religionsschule, die nach Ahmet Gazi, einem Staatsmann des turkmenischen Volksstammes Menteseoglu, benannt wurde. Ahmet Gazi und seine Frau liegen auf dem Gelände der Medrese begraben und werden von den Einheimischen als Heilige verehrt. Die Gläubigen, die zu den Gräbern pilgern, legen Stoffetzen auf die Grabsteine, damit ihre Bitten erhört werden. Hinter der Medrese stehen die Ruinen einer Moschee, von der man einen schönen Ausblick hat; an einem kleinen Kiosk werden kalte Getränke angeboten.

Keramikfunde aus dem 4. bis 7. Jh. v. Chr. haben J.M. Cook, einen britischen Archäologen, zu der Vermutung veranlaßt, daß hier ursprünglich die Stadt Mylasa stand. Diese Hypothese wird durch die Tatsache gestützt, daß die Karer ihre Städte zu Verteidigungszwecken immer auf erhabenen Stellen errichteten.

Milâs, eines der Zentren türkischer Teppichproduktion, liegt etwa 3 km von Beçin Kale entfernt. Das antike Mylasa war einst die Hauptstadt der Karer, wurde später aber von den Persern, Alexander dem

Blick auf Milâs

Das Tor nach Milâs

Großen, den Römern und den Byzantinern beherrscht.

Am westlichen Stadtrand steht das imposanteste Bauwerk von Milâs, ein römisches Mausoleum aus dem 1. Jh. v. Chr. Mit seinem von Säulen getragenen Pyramidendach ist das Gebäude eine kleinere Ausgabe des Mausoleums von Halikarnassos. Von den Einwohnern wird es **Gümüskesen** genannt, „Silberbörse". In der Krypta sollen einst große Reichtümer verborgen gewesen sein. Sie wurde allerdings schon vor langer Zeit geplündert und ist heute verschlossen. Durch ein Erdloch über der Krypta schütteten die Angehörigen des Verstorbenen Milch, Honig und Wein in das Grab, damit sein Geist nicht hungern mußte.

In der Nähe des **Rathauses** (Belediye Binasi) stand einmal ein römischer Tempel, von dem allerdings nur das Marmorfundament und eine Säule übriggeblieben sind. Auf dem bunten **Marktplatz** (Pazar Yeri) von Milâs kann man sich mit Proviant für ein Picknick in Labraynda eindecken. Danach besichtigen wir im **Viertel Haci Ilyas** das Grab von **Güveç Dede**, einem islamischen Heiligen. Sehenswert sind auch die beiden türkischen Moscheen aus dem 14. Jh. und das beeindruckende **Firuz Bey Camii** (1397) oder **Gök Camii**.

Unbedingt besichtigen sollte man auch das **Baltali Kapi**, das „Tor der Axt", in der Nähe des Krankenhauses; es ist nach der Doppelaxt auf einem Relief an der Fassade benannt, die das göttliche Königreich der Karer darstellt. In der Antike war dieser Torbogen der Beginn eines 13 km langen heiligen Pfades, der Milâs mit dem heiligen Tempel von Labraynda in den Hügeln verband.

Labraynda liegt 13 km von Milâs entfernt an einer kurvenreichen Schotterstraße, die etwa 3 km hinter Milâs von der Straße nach Izmir abzweigt. Das im 4. Jh. v. Chr. gegründete, terrassenförmig angelegte Heiligtum liegt 700 m über dem Meeresspiegel. Als bedeu-

Der Tempel des Zeus

tendstes Bauwerk der gesamten Anlage gilt der erhöht stehende **Zeus-Tempel.** Zeus Labrayndos mit seinem Wahrzeichen, der Doppelaxt, war der Schutzgott der Karer. Heute sind von dem Tempel nur noch umgestürzte Säulen und Pfeiler übrig. Dahinter erkennen Sie das **Erste Andron**, ein Gebäude mit 2 m dicken Mauern. In den Androns hielten die Priester des Heiligtums Versammlungen ab. Daneben stand das Wohngebäude der Geistlichen. Auf dem Hügel oberhalb des Tempels erhebt sich ein großes **Grabgebäude,** dessen Innenraum drei Sarkophage birgt.

Mausolos und andere karische Könige besaßen in Labraynda einen **Sommerpalast,** der noch nicht ausgegraben wurde. Man vermutet ihn in der Nähe des Tempels. In Labraynda gab es auch ein **Heiliges Becken mit Orakelfischen,** die alten Chroniken zufolge die Zukunft vorhersagen konnten: Man stellte ihnen eine Frage und warf ihnen dann Futter zu. Fraßen sie es, bedeutete dies „Ja", ließen sie es unberührt, so lautete die Antwort „Nein". Das Becken stand in einem Gebäude auf der unteren Terrasse, das heute als **Saal der Waschungen** bezeichnet wird.

In einem netten Café an der Straße halten wir nach der Besichtigung Siesta. Der Wirt, ein Bauer aus einem Dorf der Umgebung, serviert zur mitgebrachten Brotzeit Tee in schönen Tulpengläsern.

Unser nächstes Ziel ist die **Teppichfarm Ildiz** 10 km außerhalb von Milâs an der Straße nach Bodrum. Das Unternehmen Ildiz, einer der größten türkischen Teppichproduzenten, hat sich auf die Herstellung handgewebter Wollteppiche spezialisiert. Zum Färben dienen Pigmente, die aus Wurzeln und Blättern gewonnen werden. Ausgebildete Fachkräfte waschen die Teppiche und lassen sie an der Sonne trocknen. Auf der 7 ha großen Farm können bis zu 20 000 Exemplare auf einmal ausgelegt werden – ein hübscher und farbenfroher Anblick.

Regional typisches Teppichmuster

Die Teppiche stammen aus Milâs, Bodrum und anderen Städten und Dörfern der Türkei. Auf der Rückseite werden sie über dem Feuer angesengt, danach mit einer speziellen Seife und Essig gewaschen, in einer riesigen Schleuder getrocknet und drei Monate unter der Sonne ausgebreitet. Schließlich unterteilt man sie in fünf Preiskategorien, je nach dem Grad ihrer Ausbleichung. Im Gegensatz zu künstlich hergestellten Farben behalten Pflanzenfarben ihre ursprüngliche Leuchtkraft.

Die Firma Ildiz, die auch die Teppich-Ladenkette *Tribal Art* betreibt, eröffnete die Farm 1982, um dem traditionellen Webzentrum Milâs neuen Aufschwung zu geben. Sie liegt in einer trockenen Gegend. Das wunderschöne Gästehaus, in dem Teppichhändler aus dem Ausland übernachten können, ist einem türkischen Haus nachempfunden und wurde 1983 mit dem Aga-Khan-Preis für Architektur ausgezeichnet.

Wir fahren nun weiter in das 80 km entfernte Dorf **Gümüslük** am westlichen Ende der Halbinsel Bodrum. Dort besichtigen wir die letzten Überbleibsel der antiken Stadt **Myndos**, und danach essen wir in einem guten Fischrestaurant zu Mittag.

Gümüslük, die „Silbermünze", ist in der Tat ein Schmuckstück: Das Dorf liegt zwischen zwei schönen Buchten und wird im Nordwesten durch die Halbinsel Bodrum vor dem *meltem* geschützt, einem stürmischen Wind, der im Sommer oft über die ägäische Küste fegt. Der Ort ist deshalb bei Seglern beliebt, die zwischen Bodrum und Izmir unterwegs sind. Zwischen den beiden Buchten liegt die vom Festland nur durch knietiefes Wasser getrennte **Insel Tavsan Ada** (dt. Kanincheninsel): Die Einheimischen züchten hier Kaninchen und verkaufen sie dann auf dem Markt. In Gümüslük gibt es mehrere Anlegestellen für kleinere Boote. Im Sommer fahren dienstags, donnerstags, samstags und sonntags um 11 Uhr Boote in die Buchten der näheren Umgebung. In einer davon liegt die **Versunkene Stadt**, wahrscheinlich Überreste des alten Myndos. Das Ausflugsboot kehrt um 19.30 Uhr zurück.

In Myndos lebten die Lelegianer, ein mit den Karern verwandtes Seefahrervolk, bis der karische König Mausolos sie zusammen mit den Bewohnern anderer Städte im 4. Jh. v. Chr. nach Halikarnassos umsiedelte, das er zu seiner Hauptstadt machen wollte. Bis auf Reste der Stadtbefestigung, einen Turm und eine halbversunkene Mauer ist von Myndos allerdings wenig übriggeblieben. Zu den Ruinen geht man etwa 10 Minuten zu Fuß in Richtung Norden.

Im Dorf selbst können Sie außer einem überwältigenden Sonnenuntergang auch ein Abendessen in einem Fischlokal genießen: *barbunya* (gestreifte Meeräsche) schmeckt gebacken besonders lecker, *karagöz* (weiße Seebrasse) dagegen wird meistens gegrillt. Wählen Sie zunächst unter den Vorspeisen *(meze)* aus: *semizotu salatasi*, einen Salat aus Portulak mit Joghurt, Knoblauch, roter Paprika und Olivenöl, oder *mercimek piyazi*, Linsensalat mit Zwiebeln, Dill, Essig, Zucker, Olivenöl und Salz. Nach dem Abendessen geht es zurück nach Bodrum.

3. Bootsfahrt rund um die Halbinsel Bodrum

Mit dem Boot nach Karaada zum Baden. Abfahrt in Bodrum: pünktlich um 11 Uhr.

Nach dem Frühstück und einem morgendlichen Spaziergang durch die Stadt steht heute eine ganztägige Bootstour auf dem Programm. In den *kajiks* haben bis zu 30 Personen Platz. All-

Kajiks im Hafen

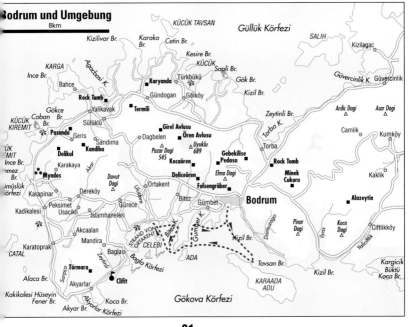

döner kebabi

morgendlich schaukelt im Hafen eine ganze Flottille dieser Holzboote auf den Wellen. Vollbesetzt nehmen sie Kurs auf die **Insel Karaada,** die wie ein Wachposten vor der Einfahrt zur Bucht liegt.

Karaada ist bekannt für seine Schlammbäder: „Diese Bäder", schrieb Kabaagaçli, der *Fischer von Halikarnassos,* „können sogar Tote wieder zum Leben erwecken". Das Boot legt hier für eineinhalb Stunden an; Sie können ans Ufer waten, ein Schlammbad nehmen oder im kristallklaren Wasser schwimmen. Danach geht die Fahrt weiter nach Ortakent. Linker Hand liegt die griechische Insel Kos, rechts Bodrum.

Auf dem Weg nach Ortakent durchquert das Boot **Ada Bogazi,** ein flaches Gewässer zwischen dem winzigen Eiland **Iç Ada** und der Halbinsel Bodrum, das aufgrund seiner reichen Unterwasserflora und -fauna auch „Aquarium" genannt wird. Hinter der **Insel Çelebi** erreichen wir den **Strand von Ortakent,** der wie geschaffen ist für eine Mittagspause. Die saftigsten Mandarinorangen der ganzen Türkei stammen aus dem umliegenden Hügelland. Dutzende von Restaurants und Pensionen drängen sich um den sichelförmigen Strand. Probieren Sie in einem der Lokale *döner kebabi* auf Pita-Brot mit Tomatensauce und Joghurt. Nach dem Essen bleibt Ihnen etwa eine Stunde, bis das Boot wieder nach Bodrum zurückfährt, ausreichend gerade für ein kurzes Bad oder eine erfrischende Spritztour mit dem Bananenboot.

Auf der Rückfahrt nach Bodrum passieren Sie zwei Landzungen, auf denen die Aktur-Ferienhäuser stehen. Sie gehören prominenten

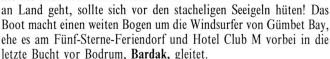

Kleine Urlauber

Türken, beispielsweise der Familie des verstorbenen Präsidenten Özal. In der nächsten Bucht liegt **Bitez,** einer der beliebtesten Urlaubsorte der Gegend.

Der Kapitän steuert **Ada Boaz** an, wo Sie 45 Min. Zeit zum Baden in einer der einsamen Buchten haben. Wer an Land geht, sollte sich vor den stacheligen Seeigeln hüten! Das Boot macht einen weiten Bogen um die Windsurfer von Gümbet Bay, ehe es am Fünf-Sterne-Feriendorf und Hotel Club M vorbei in die letzte Bucht vor Bodrum, **Bardak,** gleitet.

In **Bardakçi,** so erzählt die Sage, hat sich Hermaphrodit, der Sohn der griechischen Götter Hermes und Aphrodite, in die Nymphe Salmacis verliebt und sich mit ihr zu einem Körper vereint, der Mann und Frau zugleich war. Der Ort gilt noch heute als unkonventionell: Hier befindet sich der Lieblingsstrand von Zeki Müren, einem bekannten türkischen Sänger und Transvestiten. Bardakçi wird – nach dem Spitznamen Mürens – oft auch Pascha-Bucht genannt.

Gegen 18.30 Uhr läuft das Boot im Hafen von Bodrum ein. Wie wäre es mit einem Abendessen im **Restaurant Han** in der Kale Sokak? Es ist in einer ehemaligen Karawanserei untergebracht und bietet in geselliger Atmosphäre türkische Musik, Folklore und Bauchtanz – bei dem auch die Touristen mitmachen dürfen! Das Essen besteht aus einer üppigen Palette von *meze*-Gerichten, Fisch, Fleisch und Gebäck. Wer eher in Ruhe speisen möchte, sollte sich für das **Restaurant Kocadon** am Jachthafen entscheiden, das in einem 200 Jahre alten Gebäude mit guter türkischer Küche und beruhigenden Ausblicken auf sanft schaukelnde Jachten aufwartet.

4. Ephesus

Fahrt nach Ephesus, das zu den berühmtesten Stätten des Altertums zählt; Zwischenstopp beim Tempel von Euromos. Nachmittags: Besuch des Großen Artemis-Tempels, der seldschukischen Burg, der Johanneskirche und der Isa-Bey-Moschee; weiter zum Haus der Jungfrau Maria und Abendessen in Kusadasi. Nächtliche Rückfahrt nach Bodrum oder Übernachtung vor Ort.

Ephesus liegt etwa 180 km von Bodrum entfernt bei Selçuk; die Fahrt auf der Schnellstraße Bodrum–Izmir dauert etwa zwei Stunden. Da für diesen Tag ein volles Besichtigungsprogramm geplant ist, sollten Sie möglichst früh losfahren.

Hinter Milâs durchquert die Straße die zerklüfteten karischen Hügel. Etwa 13 km von Milâs entfernt, in Richtung Izmir, erheben sich die Säulen eines Tempels. Er gehörte einst zu **Euromos,** einer der drei größten Städte des karischen Staates. Gönnen Sie sich ein paar

Beim Wiegen von Baumwolle

Minuten Zeit für diesen erstaunlichen Tempel, denn er zählt zu den am besten erhaltenen Anatoliens: 16 seiner Säulen stehen noch. In der Anlage kann man außerdem die Ruinen eines zerstörten Amphitheaters, die Agora und einige Grabkammern besichtigen.

Nach weiteren 24 km erreichen wir den **Bafa-See** (Bafa Gölü), einst Teil des Ägäischen Meers. Die Verlandung des Büyük Menderes (Fluß Mäander) hat dazu geführt, daß der See 20 km vom Meer fortrückte. Lassen Sie sich von einem der Cafés am Ufer zu einem Tee verlocken, und genießen Sie den Blick auf **Bes Parmak Dagi,** in der Antike als Berg Latmus bekannt. Nördlich des Sees erstreckt sich das riesige sumpfige Flußtal des **Büyük Menderes,** eines der Zentren des türkischen Baumwollanbaus. Der Fluß Mäander gab in Schleifen verlaufenden Strömen und Bächen seinen Namen.

Nachdem Sie das Baumwollzentrum **Söke** passiert haben, erreichen Sie inmitten der Hügel die Stadt **Selçuk;** der kleine, aber für Touristen erschlossene Ort mit einer Burg liegt etwa 2 km von Ephesus entfernt. Vor dem Rundgang durch die Ruinen sollten Sie das **Ephesus-Museum** von Selçuk besuchen, in dem eine hervorragende Antikensammlung untergebracht ist (geöffnet 8.30–12, 13–18 Uhr). Sie vereint Friese und Statuen, die in Ephesus ausgegraben wurden, und Kultstatuen der anatolischen Fruchtbarkeitsgöttin Artemis (röm. Diana). Die beiden ausgestellten Statuen der Artemis sind von der Hüfte bis hinab zu den Zehen mit Blumen und Bienen verziert. Zudem sind beide Figuren vielbrüstig. Auch der Gürtel der *Großen Artemis,* der Statue

Die Arkadiane in Ephesus

mit der ausladenden Krone am westlichen Ende des Raumes, ist mit Blumen und Bienen geschmückt. Neben der *Schönen Artemis* am östlichen Ende des Raumes steht eine Statue ohne Kopf, deren Brust mit Blumen und Bienen übersät ist. Als Fruchtbarkeitssymbole verdeutlichen Brüste, Bienen und Blumen den hohen Stellenwert der Natur im Leben der Ionier.

Bemerkenswert sind außerdem die Büste von Alexanders Feldherr Lysimachus, zahlreiche Statuen römischer Kaiser und Senatoren, ein winziger Eros auf einem Delphin sowie die Bronzeminiatur des Fruchtbarkeitsgottes Priapos, dessen riesiger Phallus den Maßen seines Körpers entspricht. Man fand die Statue im Bordell von Ephesus. Priapos, auch als *Bes* bekannt, spielte bei den anatolischen Göttern eine wichtige Rolle und wurde in der Frühzeit von anatolischen Frauen verehrt, die sich Ehemänner und Kinder wünschten.

Reliefdetail

Fahren Sie nun nach **Ephesus** weiter. Die „erste und imposanteste Metropole Asiens" war im 2. Jh. eine blühende Hafenstadt mit über 250 000 Einwohnern. Als jedoch der Fluß Kystros (Küçük Menderes) verlandete und der Hafen unbrauchbar wurde, begann der Niedergang. Heute zählt der Ort, der inzwischen 5 km vom Meer entfernt liegt, mit über 2 Mio. Touristen pro Jahr zu den beliebtesten Ausflugszielen in der Türkei.

Im Laufe der Jahrhunderte beheimatete Ephesus etliche Zivilisationen und Religionen. Über die frühesten Bewohner weiß man nur wenig, aber anhand ausgegrabener mykenischer Schalen geht man davon aus, daß an der Stelle der heutigen Ruinen bereits 1400 v. Chr. eine karische Siedlung bestand. 1000 v. Chr. wurde Ephesus von ionischen Griechen aus Athen kolonisiert. Ihr Führer Androklos, der Sohn eines Athener Königs, war der Stammvater aller Herrscher der folgenden 400 Jahre. Die Ionier führten den Kult ihrer Schutzgöttin Artemis ein und errichteten der Gottheit große Tempel.

560 v. Chr. eroberte der lydische König Krösus die Stadt. Er regierte kaum 14 Jahre, doch am Ende jener Periode war Ephesus die reichste Stadt im westlichen Kleinasien. Nach Krösus' Niederlage gegen den Perserkönig Kyros im Jahre 546 v. Chr. wurde die Stadt persische Provinz. Zwischen 546 und 334 v. Chr. herrschten in ganz Ionien große Unruhen, da Griechen und Perser einander bekämpften. Mit Alexanders Sieg gegen die Perser in der Schlacht am Granikos (334 v. Chr.) wurde Ephesus befreit und einer demokratischen Regierung unter Lysimachus, einem Feldherr Alexanders, unterstellt. Kurze Zeit herrschten dann die ägyptischen Ptolemiden-Könige, bevor die Attaliden von Pergamon 188 v. Chr. die Macht übernahmen. 133 v. Chr. vermachte der letzte der Könige von Pergamon sein Reich den Römern. Nachdem Kaiser Augustus Ephesus 27 v. Chr. zur Hauptstadt der Provinz Asien ernannt hatte, entwickelte es sich zu einer der drei größten Metropolen des Römischen Reiches; außer Ephesus verfügten damals nur noch zwei andere Städte über eine Straßenbeleuchtung. Die meisten der heute erhaltenen Bauten stammen aus jener Zeit.

Nach der verheerenden Plünderung durch eine starke Gotenflotte im Jahre 262 begann der Niedergang der Handelsmetropole. Zuvor noch hatte sich der Missionierungseifer des hl. Paulus auf die große Gemeinde von Heiden und Juden in Ephesus gerichtet. Die Silberschmiede der Stadt, deren schwunghafter Handel mit Kultgegenständen unter Paulus' Verdammung von Idolen erheblich litt, empörten sich gegen die bekehrten Christen. Bei einer der vielen Revolten drängten sich die Gegner der neuen Religion in das Theater von

Ephesus und riefen in Sprechchören: „Groß ist die Artemis von Ephesus." Zu jener Zeit wurden die Christen verfolgt, weil sie Tieropfer und die Verehrung heidnischer Götter verweigerten. Sie wurden gekreuzigt, auf der Straße ermordet oder im Stadion von Ephesus zur Belustigung von 70 000 römischen Zuschauern den Löwen zum Fraß vorgeworfen.

Paulus wurde aus Ephesus vertrieben und später in Rom zum Märtyrer, doch das Christentum eroberte sich einen dauerhaften Platz. Ephesus entwickelte sich zu einer der ersten großen Christengemeinden im östlichen Mittelmeerraum und wird im Neuen Testament (Buch der Offenbarung) als eine der Sieben Kirchen namentlich erwähnt. Angeblich haben sowohl die Jungfrau Maria als auch der Apostel Johannes, die einer Verfolgung in Jerusalem entkommen waren, bis zu ihrem Tode in Ephesus gelebt. Nachdem man das Christentum im 4. Jh. als römische Staatsreligion anerkannt hatte, sollen alle Sitze im Stadion zerstört worden sein. Heute finden hier im Januar die beliebten Kamelkämpfe statt.

Im 4. Jh. sank der Stern von Ephesus, der Hafen war verlandet. Als 1304 die seldschukischen Türken kamen, fanden sie nur mehr ein staubiges byzantinisches Dorf vor, dessen Einnahme ein Kinderspiel war. 1426 eroberten die osmanischen Türken die Stadt. In den dreißiger Jahren des 20. Jh.s kommentierte ein Reiseschriftsteller die Szenerie: „Das einzige Lebewesen ist ein Ziegenhirt, an einen Sarkophag gelehnt, oder ein einsamer Bauer im traurigen Licht des Sonnenuntergangs. Nur wenige besuchen den Ort. Ephesus sieht eigenartig aus, so als ginge hier ein Spuk um."

Wir betreten die Stadt durch das Tor an der Straße von Selçuk nach Kusadasi und kommen zunächst zur **Sporthalle des Vedius.** Diese Kombination von Turnhalle und Badeanstalt aus dem Jahre 510 zählt zu den am besten erhaltenen Gebäuden von Ephesus. Daneben liegt das **Stadion**, in dem Gladiatorenkämpfe und Christenverfolgungen stattfanden.

Ein paar Schritte weiter stößt man rechts auf die Überreste der weltweit ältesten **Marienkirche.** Hier erkannte das Dritte Ökumeni-

Das Theater von Ephesus

ΕΠΙΣΤΗΜΗ
ΚΕΛΣΟΥ

sche Konzil im Jahre 431 Maria als die Mutter des Gottessohnes Jesus an. Außerdem stellte das Konzil fest, daß Maria in Ephesus gelebt habe und hier gestorben sei. Nestor, der Patriarch von Konstantinopel, wurde dafür verurteilt, daß er die jungfräuliche Geburt geleugnet hatte. Neben der Kirche stehen die **Theater-Sporthalle** und die **Hafen-Sporthalle**, dahinter liegen die **Thermen.** Eine säulengesäumte Prachtstraße, die **Arkadiane,** führt in westlicher Richtung vom Theater zum Hafen. In römischer Zeit war dieser Weg von Lampen gesäumt.

Das gut erhaltene **Amphitheater von Ephesus** mit seinen 24 000 Sitzplätzen wird aufgrund seiner hervorragenden Akustik noch heute für internationale Folklore-Festivals und Konzerte genutzt. Auf den obersten Rängen kann man Unterhaltungen weit unten im Orchester belauschen. In der Nähe liegen die **Agora,** das Geschäftszentrum, und die **Bibliothek des Celsus.** Als Tiberius Julius Celsus, ein berühmter römischer Verwalter, im Jahre 114 n. Chr. starb, stiftete sein Sohn die Bibliothek als Denkmal und Mausoleum. Die Überreste des Celsus fand man in einem üppig verzierten Sarkophag unter einer der Mauern des Gebäudes. Mit annähernd 12 000 Schriftrollen zählte die Bibliothek zu den umfangreichsten der Antike, ebenbürtig mit Alexandria und Pergamon.

Die Reste eines monumentalen Bogens erinnern an das Hadrianstor in Athen. Gegenüber der Bibliothek stehen die Ruinen des **Bordells.** Vom oberen Geschoß des Hauses sind nur Spuren von Fresken erhalten. Ein Mosaik im Speisesaal zeigt die vier Jahreszeiten, während auf einem schlichten Mosaik im benachbarten Bassin drei Mädchen, ein Diener, eine Brotkrümel knabbernde Maus und eine Katze abgebildet sind.

Die Agora

Die **Scholasticia-Thermen** liegen gleich nebenan auf der **Kuretenstraße**, die den südlichen Teil des Ruinenfeldes von Nordosten nach Südwesten durchläuft. Die beheizten Bäder aus dem 1. Jh. wurden bis etwa 400 immer wieder repariert. An die letzte Bürgerin, die für den Erhalt der Anlage sorgte, erinnert die **Statue der Christin Scholasticia.** Wie in allen römischen Thermen üblich, gab es getrennte Räume mit heißen, warmen und kalten Wasserbassins. Der herrliche **Tempel des Hadrian** wurde zu Ehren des gleichnamigen Kaisers im Jahre 138 fertiggestellt. Die alten Römer „vergötterten" ihre Kaiser, weihten ihnen Tempel und verehrten sie wie heidnische Gottheiten. Hinter der Basis von vier Säulen, die einst Statuen von vier römischen Kaisern trugen, erheben sich vier korinthische Säulen. Ein verzierter Bogen, mit dem Antlitz der Glücksgöttin Tyche geschmückt, krönt die beiden mittleren Säulen des Tempels.

Auf der Südseite der Kuretenstraße hat man am Abhang des Bübül Dagi (Nachtigallenberg) einige elegante Bürgerhäuser ausgegraben. Die dreistöckigen Bauten mit Innenhöfen und Mosaikfußböden besaßen bereits fließendes Wasser und Heizungen; die Wände waren mit Fresken geschmückt. Ursprünglich zur Zeit des Augustus erbaut, erlebten die Häuser bis zum Ende des 7. Jh.s mehrere Umgestaltungen. Zwei dieser Häuser wurden restauriert; um sie zu besichtigen, steigt man die Stufen hinauf, die gegenüber dem Hadrianstempel nach oben führen. Die von Lysimachus erbaute **Stadtmauer** (3. Jh. v. Chr.) verläuft entlang dem Bergrücken des Bübül Dagi im Süden und des Panayir Dagi im Norden.

Am Südende der Straße findet man die Reste einer beckenartigen Konstruktion, wohl eines Brunnens, und eines **achteckigen Grabes** mit Inschriften aus dem 1. Jh.

In Richtung Westen entlang der Kuretenstraße kommt man nördlich des Domitiansplatzes am **Memmius-Denkmal** vorbei, das im 1. Jh. v. Chr. als Ehrenmal für römische Militärkommandanten errichtet wurde. Der **Tempel des Domitian,** zu Ehren des gleichnamigen Kaiseres (81–96) errichtet, ist noch nicht vollständig restauriert. Östlich der Eingangsstufen zum Tempel steht eine Reliefsäule, direkt dahinter findet man die kühle **Galerie der Inschriften** mit zahlreichen Dokumenten zur Geschichte von Ephesus.

Von der Kreuzung aus in östlicher Richtung liegt die **Agora**, auf der einst die städtischen Veranstaltungen, wie beispielsweise Gerichtsverhandlungen, abgehalten wurden. Nördlich davon, im **Prytaneion** (Rathaus), brannte die ewige Flamme von Ephesus; hier fand man die beiden berühmten Statuen der Artemis. Über die Funktion der sogenannten **Basilika** direkt daneben weiß man kaum etwas.

Der **Tempel der Serapis** (Isis) in der südwestlichen Ecke der Agora ist der ägyptischen Göttin der Unterwelt und Richterin über die Toten geweiht und beweist die enge Verbundenheit von Ephesus mit Ägypten. Acht wuchtige Marmorsäulen, jede mit einem Gewicht von 27 t, liegen zerborsten vor den Ruinen.

Das kleine Theater oder **Odeon,** östlich des Prytaneion und der Basilika, hat 1400 Plätze und stammt aus dem Jahre 150 n. Chr. Es diente der Veranstaltung von Konzerten und als Tagungsort für den Verwaltungsrat (Bule), der 300 Mitglieder zählte.

Die **Thermen des Varius** neben dem Odeon sind nur zum Teil ausgegraben. Wir betreten sie durch den westlichen Eingang unmittelbar gegenüber der **Latrina**, der öffentlichen Toilette. Gleich hinter dem Eingang versteckt sich rechts ein 50 cm hohes Relief der Artemis mit

Der Tempel des Hadrian

einem Tierkopf und einem Stab in der rechten Hand. Unser Rundgang durch Ephesus endet am **Magnesischen Tor,** das Kaiser Vespasian (69–79) erbauen ließ. Als einziges Tor der Stadt ist es bis heute gut erhalten. Eine heilige Straße verband das Tor mit dem Artemision, dem Großen Heiligtum der Artemis, in der Nähe des heutigen Selçuk.

Wir kehren zum Eingang des Ruinenfeldes zurück, wo man die Spezialität des **Restaurants Efes,** Fleisch vom Grillrost, probieren sollte. Danach fahren wir zum **Tempel der Artemis** am Ortsrand von Selçuk, an der Straße nach Kusadasi gelegen. Heute erhebt sich dort nur noch eine einzige Säule aus dem Morast, und dabei war der Tempel eines der Sieben Weltwunder der Antike (neben den ägyptischen Pyramiden, dem Koloß von Rhodos, der Statue des Zeus in Olympia, den Hängenden Gärten von Babylon, dem Leuchtturm von Alexandria und dem Mausoleum von Halikarnassos). Als Freya Stark die Anlage 1952 besuchte, schrieb sie: „Traurige kleine Hügel aus archäologischem Lehm umgeben den Tempel, wo Feigenbäume aus dem kahlen Boden sprießen und ein Mann längst vergangenes Leben durchpflügt."

Die Epheser betrachteten Artemis als ihre Schutzpatronin. Als der lydische König Krösus Ephesus den Krieg erklärte, banden die Bewohner ihre Stadt mit einem Seil an die Statue der Göttin im Artemision, in dem Glauben, diese Verbindung würde göttlichen Schutz und somit die Rettung ihrer Stadt bewirken. So leisteten die Epheser den Truppen des Krösus denn auch keinen Widerstand. Erstaunlicherweise fügte der Eroberer der Stadt keinerlei Schaden zu, im Gegenteil: Ephesus wurde unter seiner kurzen Regentschaft noch wohlhabender als zuvor.

Der erste Tempel der Artemis wurde wahrscheinlich von den Kimmeriern zerstört, einem Kriegervolk, das Ephesus im 7. Jh. v. Chr. angriff. Die ältesten Funde, die mit dem Tempel

Landleben

in Verbindung stehen, stammen aus dem 8. Jh. v. Chr. (heute im Britischen Museum in London). Der Große Tempel der Artemis (550 bis 460 v. Chr.) war der imposanteste Bau, der je aus Marmor errichtet wurde. 127 ionische Säulen, jede 19 m hoch, trugen das Dach, das einen Innenhof von 155 m Länge und 55 m Breite überspannte. Das Bauwerk übertrumpfte den Tempel der Hera auf Samos und war viermal größer als der Parthenon in Athen.

Nachdem ein Epheser, der unsterblich sein wollte, den Tempel 356 v. Chr. niedergebrannt hatte, wurde er zwischen 350 und 250 v. Chr. wiederaufgebaut. Das zweite große Artemision war fast identisch mit seinem Vorläufer, wurde aber auf einer dreizehnstufigen Basis errichtet. Nach der Zerstörung durch die Goten im Jahr 125 mußte

der Tempel erneut aufgebaut werden – und dann noch einmal im Jahre 262. Das sich ausbreitende Christentum ersetzte den Kult der Artemis allmählich durch die Anbetung der Jungfrau Maria. Marmor aus dem Artemision wurde zum Bau der Haghia Sophia in Istanbul und der **St. Johannes-Kirche** auf dem Hügel in Selçuk verwendet, die wir als nächstes besuchen. Das bedeutende christliche Heiligtum in der Nähe der Zitadelle wurde unter dem byzantinischen Kaiser Justinian (527–565) errichtet. Jahrhundertelang kamen Pilger und Kranke in der Hoffnung hierher, der Staub des Gotteshauses würde ihre Krankheiten auf wundersame Weise heilen. Vor der Johanneskirche befand sich hier ein Baptisterium. Die Befestigungsmauern um die Kirche wurden im 7. und 8. Jh. zum Schutz der Stadt gegen arabische Invasoren errichtet.

Beim Übergang des Mittelschiffs in die Apsis findet man das sog. **Grab des heiligen Johannes,** das angeblich die sterblichen Überreste des Apostels birgt. Nachdem der Lieblingsjünger Jesu mit der Gottesmutter Maria aus Jerusalem geflohen war, lebten sie angeblich bis zu ihrem Tod in Ephesus. Die Grabplatte zwei Stufen unter dem Fußboden trug einst eine kleine Kuppel; das Marmormosaik auf der Platte wurde restauriert.

Zu Füßen des Hügels, auf dem die Johanneskirche thront, erhebt sich die **Isa-Bey-Moschee,** die der seldschukische Sultan gleichen Namens 1375 errichten ließ. Das zweikuppelige Gotteshaus verfügt über drei Kammern und drei original erhaltene Minarette oberhalb des Haupteingangs. Der große Innenhof ist von ungewöhnlich hohen Mauern aus Marmor gesäumt, der teilweise aus Ephesus stammt.

Die **Grotte der Sieben Schläfer** unten im Tal, etwa 500 m von der Sporthalle des Vedius entfernt, zählt zu den Orten, um die sich frühchristliche Legenden ranken: So sollen der Sage nach um das Jahr 250 sieben christliche Knaben auf der Flucht vor ihren Verfolgern in dieser Höhle Zuflucht gesucht haben – und 200 Jahre später wieder erwacht sein. Zu diesem Zeitpunkt war das Christentum bereits Staatsreligion, und Kaiser Theodosius verkündete ihre Auferstehung.

Fahren Sie dann vom Magnesischen Tor aus 8 km in die Hügel hinauf, zum **Haus der Jungfrau Maria** *(Meryemana),* in dem die Mutter Jesu zwischen 37 und 48 gelebt haben soll. Nach Meinung vieler Religionsforscher brachte der heilige Johannes die Gottes-

Haus der Jungfrau Maria

mutter nach der Kreuzigung in diese beschauliche Gegend inmitten eines Waldes hoch in den Hügeln. Das Heiligtum, inzwischen als letzte Wohnstätte Marias vom Vatikan anerkannt, hat sich in letzter Zeit zu einer Touristenattraktion entwickelt. So säumen Andenkenläden, Cafés und Restaurants den Weg zum Haus, das jetzt als Kapelle dient.

Die Suche nach dem Wohnort wurde durch den visionären Traum der deutschen Nonne Katharina Emmerich ausgelöst, und 1891 stöberte ein Spähtrupp unter Führung von Lazaristenmönchen das Haus in einem Kiefernwäldchen bei einer heiligen Quelle *(ayazma)* auf. Seit seiner Restaurierung im Jahre 1951 haben zwei Päpste und Millionen von christlichen und moslemischen Pilgern das bescheidene Heim besucht (auch bei den Moslems gilt Maria als Heilige). Zu Mariä Himmelfahrt (15. August) wird in der Kapelle eine Messe gelesen. Nach dem Besuch des Heiligtums kann man bei einem kühlen Getränk unter schattigen Bäumen eine Verschnaufpause einlegen; danach geht es nach Selçuk und zum Abendessen in den Badeort **Kusadasi.**

Kusadasi, eine heitere Stadt mit Dutzenden von Teppich-, Leder- und Schmuckgeschäften und großem Hafen, liegt nur 21 km von der griechischen Insel Samos entfernt. Blickfang ist die Vogelinsel, ein Fels, auf dem eine Genueser Festung steht. Ein 400 m langer Damm, den einladende Cafés säumen, verbindet sie mit dem Festland. Die um 1500 erbaute Festung war später die Residenz von Barbaros Hayrettin Pascha, dem algerischen Piraten und Großadmiral der osmanischen Flotte unter der Herrschaft Süleimans des Prächtigen.

Die besten Restaurants findet man am Hafen; sie servieren leckere Fischspezialitäten. Zu empfehlen sind z. B. **Kazin Usta** (Tel: 0256/6141226) und **Ali Baba** (Tel: 0256/61411151). Nach dem Abendessen können Sie entweder nach Bodrum zurückfahren oder in Kusadasi übernachten.

Dämmerung über Kusadasi

Zu den guten Hotels zählen **Kismet**, das einer osmanischen Prinzessin gehört, und die **Kervanseray** im Stadtzentrum; sie ist in dem historischen Gasthaus **Mehmet Pasha Caravansaray** untergebracht.

40

5. Die Blaue Fahrt

Eine dreitägige Kreuzfahrt im Golf von Gökova: Am ersten Tag segeln Sie zu den Sieben Inseln (Yedi Adalar), am zweiten zum Englischen Hafen, am dritten zu den Zedern-Inseln.

„Bei einem Besuch in Bodrum nicht in den Golf von Gökova hinauszufahren", so schrieb der Fischer von Halikarnassos, „das ist, wie wenn man zum Tor eines Palastes geht, ohne einzutreten." Die Blaue Fahrt bietet ein Höchstmaß an Entspannung, besonders, wenn man sich von der Hektik moderner Großstädte erholen will. Man kann gleichzeitig die frühen Kulturen der Menschheit studieren, die Schönheit der Küste bestaunen und sich vom Meer fesseln lassen.

Beginn der „Blauen Fahrt"

Jedes Boot ist mit einem Kapitän, einem Koch und einer Spülmaschine ausgestattet; die Crew kümmert sich um Einkauf und Lagerung des gesamten Proviants. Eine der beliebtesten Seereisen beginnt mit der zweistündigen Fahrt nach **Yedi Adalar** (Sieben Inseln), einer abgeschiedenen Bucht in der südöstlichen Ecke des Golfes, die von sieben Inseln umsäumt ist. Auf der Fahrt dorthin steuert der Kapitän zuerst an Karaada und Orak Adasi (Sichelinsel) vorbei und dann über den 72 km breiten Golf von Gökova. Rechts (südlich) liegen die Halbinsel Datça und die griechische Insel Kos, links (nördlich) die Klippen von Bodrum. Wenn Sie Yedi Adalar erreicht haben, wirft der Kapitän den Anker aus, und während der Koch sich um Ihr leibliches Wohl kümmert, können Sie den Tag verträumen, schwimmen, schnorcheln, angeln oder im Schatten Backgammon spielen.

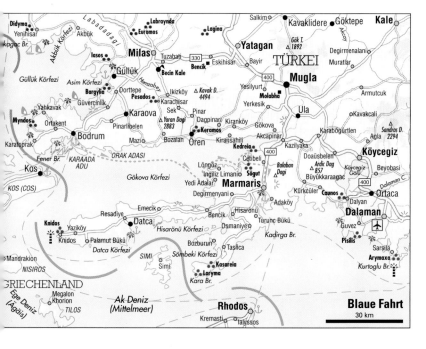

Bootsleben

Im Morgengrauen des nächsten Tages fahren wir nach **Löngöz.**
Diese fjordähnliche Bucht liegt etwa eine Stunde von den Sieben Inseln entfernt. Frühstück und Mittagessen gibt es in Löngöz, dazwischen liegen erholsame Stunden süßen Nichtstuns.

Nach dem Mittagessen segelt das Schiff zum **Ingiliz Limani,** dem „Britischen Hafen", einer langgestreckten Bucht mit Landesteg, Restaurant und einem Lebensmittelgeschäft. Ihren Namen trägt sie seit dem Zweiten Weltkrieg, als sich britische Patrouillenboote während der Angriffe auf die von Deutschland besetzten griechischen Inseln hier versteckten. Im Sommer 1988 entdeckten türkische Taucher die Wracks von zwei Flugzeugen der British Royal Air Force.

Wenn Sie eine Taucherausrüstung dabeihaben, können Sie sich auf die Suche nach den Wracks der britischen Flugzeuge machen, die an der Einfahrt zur Bucht liegen. Man kann aber auch an Land gehen und in einem Uferrestaurant einkehren.

Am nächsten Morgen brechen wir zu den **Sedir-Inseln** auf, einem kleinen Inselarchipel, das nach der antiken Stadt **Cedrae** auf der größten der Inseln benannt ist. Cedrae war der Schauplatz der leidenschaftlichen Liebe zwischen Marcus Antonius und der ägyptischen Königin Kleopatra. Antonius soll so in Kleopatra vernarrt gewesen sein, daß er sogar den feinen Flußsand von den Ufern des Nils heranschaffen ließ, um ihre Gunst zu erwerben.

Der Käpt'n legt in einer Bucht der größten Insel an. Von hier aus können Sie sich zum **Kleopatra-Strand** auf der anderen Seite rudern lassen. Nach dem Baden besichtigen wir die Ruinen der antiken karischen Stadt **Cedrae,** über deren Geschichte fast nichts bekannt ist. Im Peloponnesischen Krieg (5. Jh. v. Chr.) wurde sie von den Spartanern geplündert und kurz darauf hellenisiert. Während der Überfälle der Araber im 7. Jh. n. Chr. wurde sie schließlich verlassen.

Anschließend segelt das Schiff weiter Richtung Süden zu dem idyllischen Dorf **Karacasögüt.** Der Ort ist vor allem für Wassersportler ideal. Es gibt hier mehrere kleine Anlegestellen, einige Lebensmittelgeschäfte und zwei Hafentavernen, in denen köstliche Fischgerichte serviert werden. Segelsportler sitzen hier oft bis in die frühen Morgenstunden bei türkischer Musik und Folklore-Darbietungen zusammen. Gegen 23 Uhr nehmen wir ein Taxi zum 40 km entfernten Marmaris.

Marmaris

Marmaris, einst ein kleines, einsames Fischerdorf, ist heute ein beliebter Urlaubsort mit Hunderten von Pensionen, Hotels und Nachtclubs. Wegen seiner wunderschönen landschaftlichen Lage wird es auch die „Perle des Mittelmeers" genannt. Das Städtchen, dessen Mittelpunkt eine osmanische Festung aus dem 16. Jh. bildet, liegt malerisch an einer langgezogenen Bucht, umgeben von grünen Pinienwäldern und duftenden, bis ans Wasser reichenden Oleanderbüschen. Die Bucht ist an ihrer Einfahrt durch zwei vorgelagerte Inseln geschützt und daher ideal für Windsurfing, Wasserski, Jetski und andere Wassersportarten. Mit 1450 Anlegeplätzen gilt Marmaris als ein Zentrum des Segelsports.

Nach einem verheerenden Erdbeben im Jahre 1957 mußte die Stadt größtenteils neu aufgebaut werden. Zahlreiche Banken, Lokale und Andenkenläden säumen die Kordon Caddesi und die Barbaros Caddesi am Nordufer der Bucht. Die meisten Geschäfte findet man in den Seitenstraßen um den Platz der Republik *(Cumhuriyet Meydani)* und das Atatürk-Denkmal vor der Zitadelle sowie in der Altstadt. Hier bekommen Sie alles, von Teppichen über Lederwaren bis hin zum Proviant für Segeltörns.

Die Bucht von Marmaris

Angeblich ist der Name der Stadt auf *Mimari as,* (dt. „Hängt den Architekten!") zurückzuführen. Diesen Kommentar soll Süleiman der Prächtige angesichts der mickrigen Befestigungsanlagen der Burg abgegeben haben, die er 1522 als Ausgangspunkt für die Eroberung von Rhodos nutzen wollte.

Die Zitadelle stammt ursprünglich von den Ioniern, die sich hier um 3000 v. Chr. niederließen. Alexander der Große ließ sie um 400 v. Chr. instandsetzen, Süleiman der Prächtige 1522 erweitern. Vor der siegreichen Seeschlacht von Abukir gegen Napoleons Armada legte 1798 Nelsons gesamte Flotte in der Bucht an.

6. Mit dem Boot nach Çliftlik

Tagestour mit dem Boot nach Çliftlik. Stopp in Cennet, Schwimmen in der Phosphoreszierenden Grotte, Abstecher nach Turun und zur Bucht von Kumlu Bükü. Rückfahrt über Içmeler.

Die schönste Möglichkeit, die Bucht von Marmaris und ihre nähere Umgebung kennenzulernen, ist ein Tagesausflug mit dem Boot nach **Çliftlik**, was so viel wie „Farm" bedeutet. Die Ausflugsboote starten täglich um 9 Uhr am Kai von Marmaris **(Kordon Caddesi).** Die Fahrt nach Çliftlik, dessen Strand der schönste und sauberste der Umgebung ist, dauert zwei Stunden. Aufgrund der schlechten Straßenverbindungen sind Çliftlik und die anderen Ortschaften mit dem Boot besser zu erreichen als mit dem Auto. Die Boote tuckern dicht am Ufer durch den nordöstlichen Teil der Bucht und lassen dann Marmaris und seinen Hafen hinter sich.

Linker Hand liegt nun der **Günnücek-Park**, in dem duftende Nadelbäume wachsen. Das Boot umrundet die **Insel Bedir** und legt in einer versteckten, von Pinien umgebenen Bucht an, die zu Recht den Namen **Cennet,** „Paradies", trägt. Während Ihres Aufenthalts können Sie im kristallklaren Wasser tauchen und zum weißen Sandstrand schwimmen.

Sind alle Passagiere wieder an Bord, geht die Fahrt weiter um Nimara herum und aufs offene Meer hinaus. Bitten Sie den Bootsführer, Sie zur **Phosphoreszierenden Grotte** (auch „Piratenhöhle" genannt) hinter die Halbinsel zu bringen, deren Boden grünlich leuchtet. Das Boot kann zwar nur einige Meter in die kleine Höhle einfahren, doch wenn Sie wollen, können Sie weiter hineinschwimmen – ein einmaliges Erlebnis!

Anschließend passieren Sie die **Turunç-Bükü-Bucht**, deren Idylle leider durch unkontrollierte Bautätigkeit zerstört wurde. **Kumlu Bükü** wirkt dagegen noch unberührt; hier stehen nur ein Hotel und

Çliftlik-Bucht

einige Pensionen. In beiden Buchten kann man zu- bzw. aussteigen. Das Boot tuckert nun einen langen, felsigen Küstenstreifen entlang bis zur lieblichen Bucht **Gerbekse**. Hier legt der Bootsführer an. Sie können ein kurzes erfrischendes Bad nehmen oder ans Ufer waten, wo die Ruinen mehrerer byzantinischer Kirchen stehen.

Das Boot wendet nun und fährt zur Çliftlik-Bucht. Das Wasser an dem fast 2 km langen Strand ist kristallklar. Nach einem zweistündigen Aufenthalt geht es mit dem Boot zurück, vorbei an Kumlu Bükü und Turunç Bükü. In der Bucht von Marmaris legen wir in **Içmeler** an. Dort stehen mehrere Hotels, wie das **Munamar** und das Feriendorf **Marti**.

Wir passieren das Luxus-Hotel **Altin Yunus**, das Feriendorf **Turban** und das renovierte Hotel **Lidya** und kommen schließlich gegen 18 Uhr in Marmaris an.

Nach der Rückkehr machen wir einen kleinen Spaziergang durch die Gassen der schönen Altstadt und besichtigen die osmanische Festung. Ihren Einkaufsbummel können Sie ruhig auf den späteren Abend verschieben, denn die meisten Geschäfte am Hafen haben bis 21 Uhr und länger geöffnet. Der **Bazaar 54** (Yat Limanı 1) bietet eine große Auswahl an schönen Teppichen; das Unternehmen hat sich auf die Herstellung von handgewebten Seidenteppichen spezialisiert. Empfehlenswert ist auch das Teppichgeschäft **Silk Road** an der Uferpromenade. Lederwaren und Lammfellmäntel bekommt man im **Antilop Leather** (Halici Ishani 1).

In einem der vielen Fischrestaurants am Hafen können Sie nach Ihrem Einkaufsbummel zu Abend essen. Zu den Spezialitäten gehören Fischgerichte und *meze*. Nach dem Essen laden viele Bars und Nachtcafés zu einem Drink ein. Ein guter Tip ist die **Keyif Bar** (Netsel Marina) mit schönem Blick auf die Promenade.

Farben der Region

Wer jetzt immer noch nicht müde ist, kann in einer der zahlreichen Diskotheken von Marmaris tanzen gehen. Am beliebtesten ist die **Greenhouse Bar** (39 Sok, 93). Die **Ezgi Café-Bar** (Yat Limai) bietet anatolische Live-Musik. Der Wirt, Ali Örüç, spielt einige Instrumente selbst und gibt gerne Volkslieder zum besten.

Ausflug nach Knidos mit Halt in Datça. Besuch der Ruinen von Knidos. Mittagessen bei Baba, Schwimmen in der stillen Bucht von Palamut, Abendessen in Marmaris.

Die antike karische Stadt **Knidos** liegt an der Spitze der Halbinsel Datça westlich von Marmaris. Es empfiehlt sich, für die Fahrt einen Wagen mit Allradantrieb zu mieten, denn die Straßen sind teilweise in sehr schlechtem Zustand. Für die 95 km von Marmaris nach Knidos brauchen Sie etwa drei Stunden. Am besten brechen Sie morgens zeitig auf, damit Sie noch vor Einbruch der Dunkelheit wieder in Marmaris sind. Nachts sollte man auf den Straßen besser nicht fahren: In den letzten Jahren gerieten mehrere Autofahrer in den engen Kurven ins Schleudern und stürzten die steilen Felsen hinunter. Wenn Sie es nicht schaffen, rechtzeitig die Rückfahrt anzutreten, übernachten Sie am besten in Datça. Sie sollten sich vor der Fahrt auch vergewissern, daß Sie Ersatzreifen dabeihaben, denn auf den schlechten Straßen fährt man schnell einen Reifen platt.

Am Hafen in Datça

Die Fahrt nach Knidos ist ein landschaftliches Erlebnis! Hinter Içmeler schlängelt sich die zunächst noch asphaltierte Straße etwa 20 km weit hinauf ins Gebirge und fällt dann sanft ab zu den fruchtbaren Ebenen vor der **Hisarönü-Bucht**. Die Halbinsel Datça, eine schmale, 72 km lange Landzunge, liegt zwischen der Hisarönü-Bucht im Süden und der Gökova-Bucht im Norden. An ihrer schmalsten Stelle ist sie nur 1,5 km breit. Dieser Punkt heißt treffend **Balikahiran** („Dort, wo die Fische hinüberspringen"). Während der nächsten 30 km folgt eine Haarnadelkurve der anderen, und immer wieder hat man weite Ausblicke auf die beiden unten liegenden Buchten.

In der Mitte der Halbinsel liegt der Ort **Datça,** der durch eine Fähre mit Bodrum verbunden ist. Vor allem bei Seglern ist Datça, das mehrere Fischrestaurants, Pensionen und Hotels besitzt, sehr beliebt. Empfehlenswert ist das auf einer winzigen Halbinsel gelegene **Hotel Club Dorya.** Auf der anderen Seite der Bucht können Sie die griechische Insel **Symi** (türkisch: **Sömbeki**) sehen, die nur 11 km von der Küste entfernt liegt. Wir machen in dem hübschen Städtchen eine kleine Rast. Sie können Knidos von hier aus auch mit dem Boot erreichen, was weniger anstrengend ist als die Fahrt über Land. Zudem macht es mehr Spaß, denn Sie legen in vielen einsamen Buchten an, die Sie mit dem Auto nicht erreichen. Das Boot kehrt erst bei Sonnenuntergang nach Datça zurück, so daß man die Nacht dort verbringen muß.

Tempel der Aphrodite

Ein paar Kilometer außerhalb von Datça geht die Asphaltstraße in einen Schotterweg über, der sich die Berge hinaufschlängelt, vorbei an Dörfern, Mandelbaum- und Olivenhainen. Die Fahrt von Datça nach Knidos dauert eine Stunde.

Von dem einst bedeutenden Handelshafen Knidos, der im 4. Jh. v. Chr. gebaut wurde, sind nur noch Ruinen übriggeblieben. Bis auf einen einsamen *bekçi,* einen Nachtwächter, der die Mauerreste bewacht, und drei renovierungsbedürftige Fischrestaurants liegt die alte Stadt verlassen da. Mehrere dem türkischen Festland vorgelagerte griechische Inseln, darunter **Kos, Yiali, Nisiros, Khalki** und **Rhodos**, können Sie von hier aus sehen. Für die Besichtigung der antiken Stadt benötigt man etwa eine Stunde.

In der Antike war Knidos berühmt für eine Statue, die die griechische Liebesgöttin Aphrodite darstellte und als das schönste Kunstwerk der Welt galt. Später ist die Skulptur verschwunden; vielleicht wurde sie bei einem Erdbeben zerstört oder verschüttet. Die Suche der Archäologen blieb jedenfalls bis heute ohne Ergebnis.

Zum Mittagessen spazieren wir zurück zum Hafen. Im Restaurant Baba wird köstlicher *istakoz* serviert, riesiger türkischer Hummer.

Nach dem Mittagessen fahren wir in das 13 km entfernte Dorf **Palamut**; dort liegt ein wunderschöner Sandstrand. Wo heute Palamut steht, befand sich in der Antike die knidische Stadt **Triopion,** in der zu Ehren von Apollo, dem griechischen Gott der männlichen Jugend und Schönheit, Sportwettkämpfe abgehalten wurden. Aus diesen Wettkämpfen entwickelten sich die Olympischen Spiele. Zurück nach Marmaris nehmen wir denselben Weg wie auf der Hinfahrt.

Bewohner von Palamut

8. Bootstrip nach Caunos und Dalyan

Bootsfahrt nach Caunos und Dalyan mit Halt bei Ekincik. Umsteigen in ein Boot, das den Dalyan hinauffährt, und Besichtigung der Ruinen von Caunos. Übernachtung in Dalyan, Besuch bei den Unechten Karettschildkröten (*Caretta Caretta*). **Fahren Sie am nächsten Tag mit dem Mietauto vom Flughafen Dalyan nach Fethiye, dem Ausgangspunkt für Ihre nächsten Ausflüge.**

Motorboote nach **Caunos** und **Dalyan** starten täglich um 8.30 Uhr am Kai von Marmaris (Kordon Caddesi). Die Fahrt dauert hin und zurück jeweils vier Stunden.

Fahrt auf dem Dalyan

Das Boot läßt die Marmaris-Bucht hinter sich, wendet nach links, umrundet die Nimara-Halbinsel und fährt die felsige Küste entlang Richtung Osten. Jetzt sind wir im Mittelmeer, das zuweilen recht stürmisch sein kann, im Normalfall aber eher ruhig ist. Das Wasser ist glasklar und türkisfarben. An Bord werden kalte Getränke serviert, die allerdings im Fahrpreis nicht inbegriffen sind.

Nach etwa zwei Stunden Fahrt kommt links die weite **Aksaz-Limani-Bucht** in Sicht. Sie ist militärisches Sperrgebiet, das Fotografieren sowie das Anlegen vor oder in der Bucht ist daher streng verboten.

Von Aksaz Limani aus erreicht unser Boot in einer Stunde die schöne **Ekincik-Bucht** und die **Insel Delikada.** Sie liegt an der Mün-

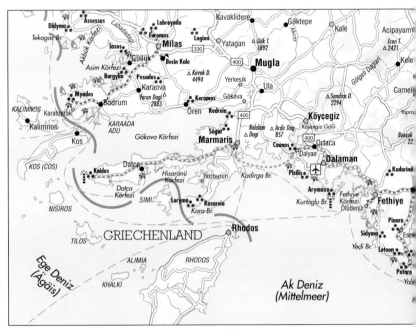

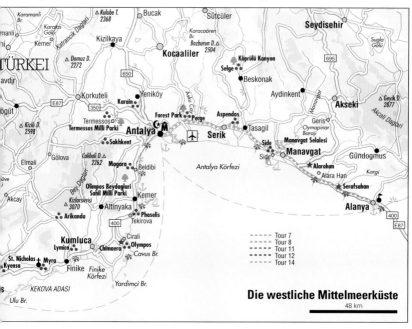

dung des kleinen, gewundenen Flusses **Dalyan** und an dem wunderschönen, 5 km langen **Iztuzu-Strand,** der von den Einheimischen auch „Schildkrötenstrand" genannt wird. Er sieht aus wie eine große Sandbank und ist einer der letzten Plätze im Mittelmeerraum, an dem die Unechten Karettschildkröten ihre Eier ablegen.

In der Ekincik-Bucht steigen wir auf kleinere Boote um und fahren auf dem relativ seichten Fluß Dalyan bis Caunos. Die halbstündige Bootsfahrt führt durch Sumpfgebiete und ein schilfbewachsenes Delta. Die vielen Fischer entlang dem Ufer fangen *kefal* (Seebarben) und *levrek* (Meeräschen). Diese Fischarten können sowohl in Salz- als auch in Süßwasser leben. Sie laichen im flußaufwärts gelegenen **Köycegiz-See** und werden auf ihrem Rückweg zum Meer gefangen. Dalyan, das Dorf gegenüber von Caunos, heißt übersetzt „Fischerei".

Das Boot legt nun an einem kleinen Steg an. Von hier aus geht es zu Fuß weiter zur antiken karischen Hafenstadt **Caunos,** von deren einstiger Bedeutung heute nur mehr Ruinen zeugen. Ihr Niedergang begann mit der Verschlammung des Hafens durch den Dalyan und einer Malaria-Epidemie. Zu sehen sind die Reste eines Amphitheaters, ein Akropolishügel und, am gegenüberliegenden Ufer des Dalyan, mehrere lykische Felsengräber. Von der Akropolis aus, die einen schönen Blick auf das idyllisch gelegene Dörfchen Dalyan eröffnet, führt ein Pfad zu einer anderen Anlegestelle am Fuße des Hügels. Dort werden wir von unserem Boot abgeholt und auf die

Die westliche Mittelmeerküste

48 km

Ihr Mittagessen

andere Seite des Flusses nach **Dalyan** gebracht, wo zahlreiche Fischrestaurants einladen. Besonders empfehlenswert ist das **Deniz Yildizi** („Zum Sternfisch") unweit des Hauptplatzes. Versuchen Sie einmal *kefal,* der in den vielen Fischereien am Flußufer gefangen wird.

Nach dem Mittagessen kehrt das Boot zurück nach Marmaris, wir aber verbringen die Nacht in Dalyan. Unterkunft finden Sie in einer der sauberen, preiswerten Pensionen; Hotels wurden in dem kleinen Ort nicht gebaut. Die besten Pensionen liegen am Flußufer. Empfehlenswert ist das **Caretta Hotel,** das Nail Çakirhan gebaut hat, ein Literat und Journalist, der für den Entwurf eines Wohnhauses im türkischen Baustil einen Architekturpreis gewonnen hat.

Am Dorfplatz von Dalyan können Sie sich ein Boot mieten, das Sie zum **Schildkrötenstrand** bringt. Das Wasser dort ist seicht und daher für kleine Kinder ungefährlich.

Von Juni bis September, wenn die Schildkröten ihre Eier legen, ist der Strand von 18 bis 9 Uhr nicht öffentlich zugänglich, damit die Tiere nicht durch Touristen gestört werden. Wenn Sie sich zu dieser Zeit in Dalyan aufhalten und nachts zum Strand wollen, um die Tiere zu beobachten, müssen Sie sich bei den offiziellen Stellen in der Stadt eine Erlaubnis besorgen. Eine Gruppe von Meeresbiologen, die die Schildkröten studieren, campen meistens etwa 2 km von der Flußmündung entfernt an einem moorigen See hinter dem Strand. Sie können Ihnen behilflich sein, diese Erlaubnis zu bekommen. Nachmittags kann man die Wissenschaftler auch in einem der Straßencafés am Strand beim Flußdelta antreffen.

Die Nächte in Dalyan sind friedlich und ruhig, das Dorf ist bisher glücklicherweise vom Massentourismus verschont geblieben. Zum Abendessen sollten Sie in einem der Fischrestaurants am Fluß einmal Seebrasse probieren, die gebraten oder gegrillt serviert wird. Eine leckere Vorspeise sind *pavurya* oder *yengeç* (Krabben). Sie werden mit einem kleinen Hammer serviert, mit dem man den dicken Panzer der Krabbe öffnet.

Nach dem Abendessen ist es ratsam, ins Hotel zurückzukehren und ein wenig zu schlafen, denn um 3 Uhr morgens geht es zum Schildkrötenstrand. Am besten organisieren Sie sich vorher noch ein Taxi, das Sie dorthin bringt (in Dalyan gibt es keine Autovermieter). Nehmen Sie einen warmen Pullover mit, denn vor Sonnenaufgang kann es ziemlich frisch werden.

Die 15 km lange Fahrt zum Schildkrötenstrand dauert etwa zwanzig Minuten. Die Asphaltstraße schlängelt sich durch Sumpfgebiet, dann in die Berge hinauf und fällt zum östlichen Ende des verlassen daliegenden Strands ab.

Die kleine Umweltschutzbewegung der Türkei errang 1987 am Schildkrötenstrand ihren ersten großen Sieg: Mit Erfolg forderte sie von der türkischen Regierung, den Bau eines großen türkisch-deut-

Am Schildkrötenstrand

schen Hotels direkt am Strand zu verhindern, damit die frisch-
geschlüpften Tiere nicht gefährdet werden. Heute steht der Küstenstreifen unter Naturschutz, und ein Nachtwächter trägt dafür Sor-
ge, daß die Brutplätze nachts nicht von Einheimischen oder Touristen gefährdet werden. Ihm müssen Sie übrigens unbedingt mittei-
len, daß Sie zum Lager der Meeresbiologen gehen, um an einer
Führung teilzunehmen. Taschenlampen dürfen nicht benutzt werden,
Sie müssen also die 3 km bis zum Camp im Mondlicht gehen.

Passen Sie auf, daß Sie nicht auf die Nester treten; sie sind durch
Pfosten gekennzeichnet. Wenn Sie in einer Zeit hier sind, in der die
jungen Schildkröten schlüpfen (August oder September), sehen Sie
sicher (auch tagsüber) ein paar der Tiere. Im Juni und Juli gehen
am Iztuzu-Strand meist nachts Hunderte von weiblichen Karettschildkröten an Land, um ihre Eier im Sand zu vergraben.

Bei Sonnenaufgang begleitet Sie einer der Biologen auf einem
Strandspaziergang und zeigt Ihnen die Nester und Spuren der Schild-
krötenbabys im Sand.

Am nächsten Tag nehmen Sie sich ein Taxi zum Flughafen von
Dalaman. Der Dalaman-International Airport liegt etwa 20 km von
Dalyan entfernt; die Fahrt führt durch fruchtbares Land mit Oran-
gen- und Mandarinenbäumen. Auf etwa halber Strecke liegt der Ort
Ortaca, berühmt für seine Baumwolle.

Am Flughafen **(Dalaman Hava Limani)** können Sie für die ver-
bleibenden Urlaubstage bei einem der zahlreichen Autoverleiher einen Wagen mieten, zum Beispiel bei **Avis** (Tel. 0252/6925410, Fax:
0252/6925588) oder **Europcar** (Tel: 0252/6925117).

Von Dalaman aus geht unsere Fahrt mit dem Auto weiter zum
nächsten großen, etwa 90 km entfernten Ort an der Türkischen Riviera, **Fethiye**. Fahren Sie zurück zur Straße Mugla–Fethiye und
biegen Sie rechts ab. Die Straße führt Richtung Osten hinauf in Pi-
nienwälder und fällt dann plötzlich nach **Göcek** ab, das am nord-

westlichen Ende des weiten **Golfs von
Fethiye** liegt. Die Stadt ist 30 km vom
Flughafen Dalaman entfernt und hat
sich in den letzten Jahren zu einem bedeutenden Jachthafen entwickelt. Nach
etwa einer Stunde erreichen wir
Fethiye.

Stolze Nachwuchsbauern

Fethiye

Fethiye, bei Touristen und Seglern aus aller Welt gleichermaßen beliebt, ist Ausgangspunkt für Segeltörns in die **Bucht von Fethiye** (auch Golf von Fethiye) mit den **Zwölf Inseln** und zur **Insel Kekova,** in deren unvergleichlich schöner Umgebung einige geheimnisumwitterte versunkene Städte liegen. Bequem zu erreichen ist auch Lykien, wo über 2500 Jahre alte Felsengräber erhalten sind.

Fethiye war schon immer ein wichtiger Ausfuhrhafen für Chromerz, das in der türkischen Wirtschaft eine bedeutende Rolle spielt und an der gesamten Südwestküste von Fethiye bis Antalya abgebaut wird. Die Türkei ist der weltweit größte Lieferant dieses Metalls. Noch 1950 war Fethiye lediglich ein kleiner Marktflecken ohne Straßenverbindungen zu den Provinzhauptstädten. Das Schiff diente damals als einziges Transportmittel. Die ersten Pauschalreisenden verschlug es 1963 auf einem Bootsausflug von Rhodos hierher.

Uferpromenade in Fethiye

Fethiye, eine der ältesten lykischen Städte, stammt aus dem 6. Jh. v. Chr. Spuren des einstigen Telmessos kann man noch heute überall finden: Die Felsengräber an einer Klippe östlich von Fethiye zeugen ebenso von den Lykiern wie mehrere schwere Sarkophage. Die Stadt mußte nach zwei verheerenden Erdbeben 1950 und 1957 nahezu völlig neu aufgebaut werden und gibt sich ziemlich modern. Der Tourismus hält sich noch in Grenzen.

Fethiye liegt am Ostende des großen Golfes und ist von hohen Bergen umgeben, die im Winter schneebedeckt sind. Ein vorspringendes Kap und die „Ritterinsel" (Sövalyeler Adasi) schließen die Fethiye-Bucht fast völlig vom Meer ab und bilden den Hafen.

9. Tour zur Geisterstadt Kaya

Besuch des Felsengrabs des Amyntas, Spaziergang durch die Geisterstadt Kaya, Rückfahrt nach Fethiye, Besichtigung des Sarkophags.

Die Lykier, ein äußerst tapferes Seefahrervolk, das seine Freiheit immer mutig verteidigte, bestatteten ihre Toten in Felsengräbern. Einige dieser Gräber liegen gleich hinter der Stadt Fethiye. Am besten parkt man das Auto unterhalb der Felswand und wandert dann den steilen Pfad hinauf zu den Gedenkstätten. Besonders beeindruckend ist das **Tempelgrab des Amyntas,** eines lykischen Würdenträgers. Auf dem Akropolis-Hügel nahe der Stadt steht eine Burg. Man nimmt an, daß sie von den Johannitern erbaut wurde.

Nun geht es wieder zurück zum Auto und hinter den Felsengräbern hinauf zur Geisterstadt Kaya. Auf dem Weg dorthin kommt man an einem Sarkophag vorbei, der mitten auf der Straße steht und mehrere Tonnen wiegt. Bei den verheerenden Erdbeben in den fünfziger Jahren blieben die Sarkophage völlig unbeschädigt, ja sie bewegten sich nicht einmal von der Stelle! Die Bewohner fürchten, die ganze Welt aus den Angeln zu heben, wenn sie das Verkehrshindernis auch nur ein wenig verschieben würden.

Grabmal des Amyntas

Die unbefestigte Straße schlängelt sich etwa 10 km weit durch duftende Fichten- und Zedernwälder in die Berge hinauf und dann hinunter in eine fruchtbare Ebene. **Kaya,** das

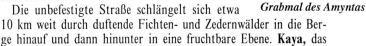

Die Geisterstadt Kaya

frühere Kormylassos, thront auf einem Hügel über dem Flachland. Mit seinen 5000 Einwohnern war Kaya, eine wohlhabende griechische Stadt, der am dichtesten bevölkerte Ort weit und breit. Im Zuge des allgemeinen Minderheitenaustausches zwischen Griechenland und der Türkei am Ende des Griechisch-Türkischen Krieges (1919–1922) verließen die Griechen ihre Heimat. Heute ist Kaya eine schaurige Geisterstadt. An den Felspfaden stehen Hunderte von Häusern, deren Dächer bei den Erdbeben eingestürzt sind. Zwei Kirchen sind noch relativ gut erhalten. Eine davon – sie stammt aus dem Jahr 1888 – schmücken Fresken mit biblischen Motiven.

Wieder in Fethiye, kann man vor dem Essen noch einen Spaziergang zum Hafen und zum Rathaus *(Belediye Binasi)* unternehmen, wo ein schwerer Sarkophag an die Lykier erinnert. Auf der gegenüberliegenden Straßenseite laden Geschäfte zum Bummeln ein. Die besten Meeresfrüchte der Stadt werden im **Restaurant Rafet** serviert. Es liegt am Kai *(Kordonboyu)* bei der Atatürk Caddesi, einer Hauptachse, die von Norden nach Süden durch die Stadt führt. Gegrillter Fisch ist die Spezialität des Hauses und die Palette an Vorspeisen verlockend. Man erhält die Gerichte zu relativ günstigen Preisen, die sich nach dem Tagessatz richten und auf einer Tafel beim Vitrinen-Kühlschrank angeschrieben sind. Probieren Sie *orfoz* (Dunkler Barsch) oder *akya* (Leerfisch).

Ein Spaziergang führt in die Carsi Caddesi, vorbei an vielen Geschäften. Am Abend kann man sich im „Club Letoonia Holiday Village", einer großzügigen Ferienanlage für türkische und ausländische Gäste auf der Halbinsel Pacaraz am anderen Ende der Bucht (10 km), ins Nachtleben stürzen. Vom Parkplatz am Eingang aus führt der Fußweg auf der mittleren Promenade entlang zur Bar. Man passiert luxuriöse Häuser neureicher Türken und schicke Bungalows für Feriengäste.

Die in Flutlicht getauchte Open-air-Bar liegt am äußersten Ende der Halbinsel, man sieht die Lichter von Fethiye übers Wasser glitzern. Zurück in Fethiye, kann man den Abend ganz beschaulich in der **Yasmin Bar** (Iskele Karsisi, Tel: 0252/6121183) ausklingen lassen. In diesem türkisch-griechischen Gebäude aus dem 19. Jh. werden gute Cocktails zu Live-Musik gereicht.

10. Ausflug in den Golf von Fethiye

Bootsfahrt zu den Zwölf Inseln mit Gelegenheit zum Schwimmen, Schnorcheln und Picknicken. Zum Tee nach Göcek, Abendessen in einem chinesischen Restaurant in Fethiye.

Der Golf von Fethiye mit seinen zwölf der Stadt Göcek vorgelagerten Inseln zählt zu den schönsten und abgeschiedensten Küstenstreifen der Türkischen Riviera. Um 9 Uhr legt das Motorboot am Kai von Fethiye *(Kordongoyu)* ab. Wer ganz für sich sein möchte, kann ein Motorboot samt Kapitän chartern.

Ein abgeschiedener Ankerplatz

Wir nehmen Kurs auf **Sövalyeler Adasi,** die „Ritterinsel" oder Fethiye-Insel. Zu Ihrer Rechten erstreckt sich der 4 km lange **Çalis-Strand,** einer der schönsten der Gegend, und links liegt die Halbinsel **Oyuk Tepe;** auf einer ihrer Landzungen residiert der „Club Méditerranée".

Die Insel der Ritter verdankt ihren romantischen Namen den Johannitern, die das Land im Mittelalter angeblich beherrscht haben. Auf der schmalen Insel gibt es mehrere schöne Badestrände und viele private Ferienhäuser. Das Boot legt hier für ca. 20 Min. an, so daß Sie ein kurzes erfrischendes Bad im Meer nehmen können.

Während der Fahrt zu den Zwölf Inseln am westlichen Ende des Golfes (ca. 90 Min.) kommt man an einigen unbewohnten Eilanden vorbei. Die erste Gruppe der Zwölf Inseln sind die **Yassica Adalari,** ein kleines Archipel mit guten Anlege- und Bademöglichkeiten. Danach fährt das Boot an **Hacihalil Adasi** vorbei,

Dalaman
Göcek Gecidi
Belenpinar
Incirköy
Üzümlü
Kalimache
Dalaman Havaalani (Flughafen)
Kayacik
Krya
Göcek AD.
Boynuzbükü
Körfezi
Kargi
Kadarinda
Lissae
Bedri Rahmi Körfezi
TERSANE AD.
DOMUZ AD.
SÖVALYELER AD.
Metris Gecidi
Sarsila
Arymaxa
Lydae
Bad der Kleopatra
EETHIYE AD.
Telmessus
Kaya
Fethiye
Kurtoglu Br.
Ince Br.
Fethiye Körfezi
Ölüdeniz
Ovacik
Baba Dag
Iblis Br.
GEMILE AD.

– – – Tour 9
– – – Tour 10

Ak Br.
Pinara
Sidyma

Ak Deniz
(Mittelmeer)

Yedi Br.

Letoon

Die Bucht von Fethiye

25 km

um auf die Bucht der großen Insel zur Linken, **Tersane Adasi,** zuzusteuern. Der Aufenthalt dauert eine halbe Stunde; es bleibt genügend Zeit, um ans Ufer zu schwimmen und die Küste mit ihren Ruinen zu erkunden. Tersane bedeutet „Werft", denn die Griechen, die früher auf Tersane lebten, waren Schiffsbauer.

Von Tersane kreuzt das Boot die Meerenge zur **Domuz Adasi** (Schweine-Insel), die Erol Simavi gehört, dem Verleger der größten türkischen Zeitung (*Hürriyet*). Er zählt zu den mächtigsten Männern des Landes. Touristen dürfen die Insel leider nicht betreten, seine illustren Gäste sucht der Besitzer selbst aus!

Bei den teilweise überfluteten Ruinen in der **Bucht von Hamam** handelt es sich angeblich um das **Bad der Kleopatra.** Während des Aufenthalts (ca. 90 Min.) kann man unter freiem Himmel Mittag essen (Restaurants nur im Sommer geöffnet), schwimmen oder mit Taucherbrille und Schnorchel die versunkenen Ruinen erforschen.

Von hier aus bringt Sie der Kapitän zum westlichsten Punkt des Golfes, zur **Bucht von Bedri Rahmi.** Sie ist nach dem kubistischen Maler Bedri Rahmi Eyüboglu benannt, der hier einen Fisch auf die Felsen gezeichnet hat. Das Gebiet wird wegen der vielen lykischen Friedhöfe und wabenförmigen Felsengräber auch **Tasyaka** oder **Bucht der Gräber** genannt. Das Schiff hält hier für etwa 30 Min.

Die nächste Station auf unserer Rundreise nach Göcek ist die von Pinien gesäumte **Boynuzbükü-Bucht,** ein sicherer Ankerplatz für Segelboote. Ein von Schilf und Oleanderbüschen gesäumter Fluß mündet hier. Die türkische Regierung hat den Bau neuer Hotels in dieser Bucht untersagt, um die Landschaft nicht zu zerstören.

Auf dem Weg nach Göcek liegen rechter Hand zwei Inseln: **Zeytinli Adasi,** eine Insel in Privatbesitz, auf der Tausende von Olivenbäumen wachsen, und **Göcek Adasœ** mit ausgedehnten Kiefernwäldern. Wenn das Schiff am Ende der Bucht in **Göcek** einläuft, sollten Sie nach der *Halas* Ausschau halten, einer alten Dampffähre aus Istanbul, die zu einem schwimmenden Luxushotel mit Restaurant umgestaltet wurde. Bitten Sie den Kapitän, bei den anderen Jachten im Hafen anzulegen, damit Sie sich in einem der Cafés am Ufer bei einem Glas Tee erfrischen können. Obwohl Göcek nur 2000 Einwohner zählt, bekommen Sie hier Zeitungen und Zeitschriften aus aller Welt. Die Rückfahrt dauert etwa 90 Min.; gegen 18.30 Uhr kommen wir wieder in Fethiye an.

Ein ausgezeichnetes Abendessen wird im **Chinese Restaurant** am Hafen serviert. Zartbesaitete Gemüter, die sich für Ente entscheiden, sollten lieber auf einen Fensterplatz verzichten; das schmackhafte Geflügel wird nämlich auf einem Floß unmittelbar unter dem Fenster gehalten! Anschließend kann man eine der zahlreichen Bars um den Hauptplatz (*Iskele Meydani*) besuchen, beispielsweise die **Bourbon Bar** (Hamam Sok Karagözler Mahlesi, 25) in der Live-Musik gespielt wird.

Beim Backgammon-Spiel

Fahrt nach Ölüdeniz (Totes Meer) zum Baden und Parasailing oder zum Paragliding vom Gipfel des fast 2000 m hohen Baba Dagi. Am Nachmittag nach Letoon, Xanthos und zu den Ruinen von Patara. Übernachtung in Kas.

Nach **Ölüdeniz,** zum sogenannten Toten Meer (15 km), sollte man gegen 8.30 Uhr aufbrechen. Die Strecke nach Ölüdeniz zweigt auf dem Weg zur Schnellstraße Mugla–Antalya rechts ab.

Ölüdeniz liegt da wie eine vollkommen ruhige Lagune, hat aber eine kleine Öffnung zum Meer, durch die Schiffe einfahren können. Mit ihrem bergigen Umland, dem kieferngesäumten Ufer und dem langen Sandstrand ist die Bucht ein geradezu idealer Ankerplatz. Um der Verschmutzung des kristallklaren Wassers vorzubeugen, ist den Jachten die Zufahrt jedoch seit 1984 untersagt. Der **Strand von**

Ölüdeniz

Belcekiz in der Lagune zählt zu den fabelhaftesten der Türkei; wegen des steil abfallenden Untergrundes eignet er sich allerdings nicht für kleine Kinder. Im Sommer findet man kein freies Plätzchen mehr: Dutzende von Campingplätzen und Motels haben in den letzten sechs Jahren eröffnet, und im bergigen Hinterland entstehen noch mehr.

Zahlreiche Clubs laden zum Parasailing ein, und **Deniz Camping,** ein Campingplatz mit Bungalows, organisiert Paragliding vom **Baba Dagi,** einem fast 2000 m hohen, steil abfallenden Felsgipfel zum Strand von Belcekiz. Die Flüge dauern 25 Min., danach kann man bei Deniz Camping Mittag essen.

Die britisch-türkischen Besitzer die Familie Gürkan, Pioniere in ihrer Branche, betreiben das Unternehmen seit 23 Jahren und haben als erste touristische Einrichtungen geschaffen. Das verlassene, ehemals griechische Bergdorf **Ocakköy** haben sie in ein Feriendorf mit 25 Häuschen, Bibliothek und Schwimmbecken verwandelt. Von dieser hübschen Siedlung auf halber Strecke zwischen Ölüdeniz und Fethiye aus kann man Eselsritte in die Berge der Umgebung unternehmen.

Wieder auf der Schnellstraße Fethiye–Antalya, gelangt man nach etwa einer Stunde Fahrt in Richtung Antalya nach **Letoon,** das nach einem alten Heiligtum der Göttin Leto benannt ist. Die Straße zweigt hinter Esen und Hazirlar rechts nach Letoon ab, der Schrein liegt etwa 5 km von der Hauptstraße entfernt. Leto war eine der Ge-

Kinder in Letoon

liebten des Zeus und die Mutter von Artemis und Apoll. Die Lykier, die vor über 2000 Jahren in diesem felsigen Teil Anatoliens lebten, verehrten Leto als wichtigste Göttin.

Von den drei Tempeln sind nur noch die Fundamente erhalten geblieben; im Hauptgebäude wurde Leto verehrt, die beiden anderen waren Artemis und Apoll geweiht. Im Zentrum des Apollo-Tempels kann man ein Mosaik erkennen, das eine Leier, Sonne, Pfeil und Bogen darstellt und als das einzige erhaltene Mosaik der lykischen Kultur gilt. Zu der Anlage gehörten außerdem ein Nymphaion, eine Art Badeanstalt, die teilweise unter Wasser liegt, sowie ein gut erhaltenes Amphitheater.

Auf der Hauptstraße gelangt man nach **Xanthos** (5 km). Diese beeindruckendste und wichtigste lykische Stadt liegt in der Nähe des Dorfes Kinik gleich neben der Schnellstraße am Ufer des Flusses Xanthos (türkisch: Esen Çayi). Zu den Ruinen führt eine unbefestigte Straße. Links neben dem Eingang steht ein außerordentlich schönes Amphitheater, daneben zwei Grabmäler. Eines davon, das **Harpyien-Monument,** liegt etwas erhöht. Es verdankt seinen Namen einem Relief, das Harpyien darstellt, dämonische Mischwesen aus Frau und Vogel. Der antiken Mythologie zufolge tragen sie die toten Kinder in die Unterwelt. Daneben steht ein **Grabpfeiler,** ein niedriger lykischer Sarkophag auf einer hohen, rechteckigen Säule. Gegenüber dem Amphitheater liegt der Marktplatz (Agorá) mit der berühmten **Xanthischen Stele;** die Einfassung dieser Grabsäule ist mit einem griechischen Gedicht und 250 Zeilen lykischen Textes verziert, des längsten seiner Art. Die Inschrift ist noch nicht entziffert. Gegenüber findet man die Ruinen zweier byzantinischer Basiliken und eines Klosters.

Die Frühgeschichte von Xanthos liegt im dunkeln. Wie ganz Lykien wurde es 545 v. Chr. von dem persischen Feldherrn Harpagos unterworfen. Die Lykier leisteten zwar Widerstand, wurden aber geschlagen. Um der Kapitulation zu entgehen, versammelten sie Frauen und Kinder in der Akropolis, zündeten diese an und wählten den Freitod.

Detail in Xanthos

500 Jahre später, im römischen Bürgerkrieg, wiederholte sich die Tragödie. Als Brutus im Jahre 42 v. Chr. die Stadt Xanthos überfiel, um Geld für seine Kraftprobe mit Antonius und Octavianus einzutreiben, versuchten die Lykier ihre Stadt zu verteidigen. Als Brutus' Truppen den Befestigungsring schließlich doch durchbrachen, ermordeten die Männer ihre Familien, errichteten einen Scheiterhaufen im Herzen der Stadt und warfen sich in die Flammen.

Beide Male müssen einige Bewohner überlebt haben, da die Stadt in der byzantinischen Epoche wieder besiedelt war. Ihr endgültiger Untergang erfolgte wahrscheinlich während der arabischen Invasion in Anatolien im 7. Jh.

Xanthos wurde 1838 von Sir Charles Fellows entdeckt. Vier Jahre später verschleppten Matrosen der britischen Marine unter dem Befehl von Leutnant Thomas Spratt Hunderte von Statuen und Friesen nach London, wo sie heute im Britischen Museum ausgestellt sind. In der Türkei wird dies als Plünderung des archäologischen Nationalschatzes betrachtet.

Unsere Fahrt geht nun auf der Hauptstraße weiter Richtung Antalya, vorbei an der antiken Stadt **Patara,** in deren Nähe sich einer der schönsten Strände der Türkei erstreckt. Die Ruinen der Stadt liegen etwa 10 km von Xanthos entfernt (ein gelbes Schild verweist auf die historische Anlage auf der rechten Seite). Patara ist der überlieferte Geburtsort des heiligen Nikolaus. Einst ein wichtiger Handelshafen, liegt die Stadt heute etwa 500 m vom Meer entfernt, teils von Sanddünen bedeckt und unter einer schier undurchdringlichen Wildnis aus Büschen und Bäumen verborgen. Noch harrt sie ihrer systematischen Ausgrabung.

Am Eingang von Patara passiert man einen dreiportaligen Triumphbogen. Das nahe Amphitheater ist teilweise unter Sand begraben. Das ungewöhnliche Gebilde auf der Kuppe zwischen Strand und Theater war wohl eine Zisterne, die Ruine daneben wahrscheinlich ein Leuchtturm. Am Hafen liegt der gut erhaltene **Kornspeicher des Hadrian.** Patara war für sein apollinisches Orakel berühmt, das sogar mit Delphi konkurrierte. Allerdings wurde bisher noch keine Spur eines solchen Gebäudes freigelegt. Nach der Besichtigung lädt der 18 km lange Sandstrand von Patara zum Baden ein. Doch Vorsicht: Hüten Sie sich vor der starken Unterströmung!

Auf dem Weg nach Kas (60 km) kommt man an **Kalkan** vorbei, einem Ferienort, den vor allem sonnenhungrige Urlauber lieben, und an vielen kleinen Sandstränden.

Wie die meisten Städte an der lykischen Küste, liegt Kas eingebettet zwischen Gebirge und Meer. Seit einigen Jahren ist der Ferienort als Ankerplatz bei Segeltörns äußerst gefragt. Gegenüber erhebt sich das winzige Kastellorizon (türkisch: Meis) aus dem Meer, die am weitesten vom Festland entfernte griechische Insel. Das dortige Resort wird ausschließlich von Kas aus versorgt, und der Hotelier auf Kastellorizon spricht fließend Türkisch.

Kas eignet sich als Ausgangspunkt für Bootstouren zu den versunkenen Städten um die **Insel Kekova** und das Fischerdorf **Kale** mit seiner berühmten

Ruhige Straße in Kas

lykischen Totenstadt. Für einen Ausflug sollte man einen ganzen Tag ein-
planen; die Boote fahren um 9 Uhr
von Kas ab.

In Kas gibt es viele Hotels und Pensionen. Zu empfehlen sind das **Hotel
Ekici,** Tel: (0242) 8361417, mit Blick
auf den Hafen und das **Aqua-Park-
Hotel,** Tel: (0242) 8361901, auf der Halbinsel Çukumlrag.

Das heutige Kas wurde auf dem Boden der antiken Stadt **Anti-
phellos** errichtet, von der allerdings, abgesehen von einigen Sarko-
phagen, kaum etwas erhalten ist. Einer davon steht am Hafen, ein
weiterer auf dem Platz oberhalb der **Uzunçarsi Caddesi.** Seine Seiten zieren Löwenköpfe. Auf der langgestreckten Halbinsel vor Kas,
von der Stadt aus gut zu Fuß zu erreichen, steht ein antikes Amphitheater.

Abends kann man durch den Basar bummeln und anschließend in
einem der vielen Fischrestaurants am Hafen dinieren. Die Lokale der
Gegend sind für ihr delikates einheimisches Ziegenfleisch berühmt,
das sie anstelle von Hammel oder Rind anbieten. Mancher Magen
reagiert allerdings etwas empfindlich darauf. Außerdem sollte man
sich vergewissern, daß die Preise am Eingang des Restaurants an-
geschlagen und angemessen sind. Einige Wirte in Kas stehen nämlich in dem Ruf, überhöhte Preise zu verlangen.

12. Fahrt nach Antalya

**Ein Besuch der St.-Nikolaus-Kirche in Demre und der Ruinen von
Myra. Abstecher zu den Piratennestern in Olympos, Picknick in
den Ruinen, ein Bad am Strand. Weiter zum ewigen Feuer von
Yanartas, vorbei an Kemer, Streifzug durch die Altstadt von Antalya.**

Wir brechen frühmorgens in Kas auf und fahren hinauf in die Berge Richtung Antalya. Etwa 50 km von Kas entfernt liegt
Demre, das antike **Myra.** Im 4. Jh. lebte und wirkte hier
der heilige Nikolaus, Urbild des Weihnachtsmanns. Der
Kirche zufolge war er der erste Bischof der Stadt. Da
Myra nicht nur Zentrum des Ackerbaus, sondern
auch ein bedeutender Hafen war, galt der hl. Nikolaus zunächst als Schutzheiliger der Seeleute. Die
St.-Nikolaus-Kirche, in der er gepredigt haben
soll, nutzen sowohl Moslems als auch Christen.
Bei den Türken heißt der Heilige *Noel Baba* („Pa-
pa Weihnachten").

Den Weg zur Kirche weist ein gelbes Schild mit
der Aufschrift „Noel Baba". Im Hof steht eine Statue des von Kindern umringten Heiligen, der Mar-
morsarg im Inneren der Kirche ist allerdings leer:

Statue des hl. Nikolaus

Piraten verschleppten die Gebeine des frommen Mannes im 11. Jh. ins süditalienische Bari.

Jedes Jahr von 4. bis 6. Dezember versammeln sich in Demre Kirchengelehrte und Hobby-Historiker aus aller Welt zum Nikolaus-Symposium. Sie diskutieren über das Leben und den Charakter des Heiligen und spüren seiner Entwicklung als christlicher Figur nach. Das Symposium organisiert Grün Magazin Milli Egemenlik Caddesi, 22/32, 0704 Antalya, Tel: (0242) 2424766, Fax: (0242) 2423735. Jeweils am 6. Dezember veranstalten orthodoxe Patriarchen aus Istanbul zu Ehren des hl. Nikolaus eine zweistündige Liturgie in der kleinen Kirche. Symposium und Feierlichkeiten fallen mit dem Nikolaus-Festival von Demre (1.–7.12.) zusammen.

Die Ruinen von Myra, ein Amphitheater und Felsengräber, liegen etwa 1 km vor der Stadt und sind von der Ortschaft aus gut sichtbar. Der Weg ist beschildert; man parkt vor dem Eingang und macht sich dann zu Fuß auf den Weg. Myras großes Amphitheater, das Sie als erstes Gebäude passieren, ist im römischen Stil gehalten. Die Inschrift „Platz des Verkäufers Gelasius" in der westlichen Galerie sollte wohl auf einen Verkaufsstand hinweisen, an dem Theaterbesucher Nüsse und verschiedene andere Leckereien erstehen konnten.

In Myra liegen die imposantesten Felsengräber der lykischen Küste; die Felswand gegenüber der Stadt ist von wabenförmigen Grabmälern geradezu durchlöchert, was ihr eine fast düstere Friedhofsatmosphäre verleiht. Man erreicht die Nekropole über einen Pfad. Etliche Gräber sind

Die Felsengräber von Myra

mit Friesen geschmückt, die menschliche Figuren oder Graffiti darstellen. Das ungewöhnlichste Beispiel hierfür ist das **Bemalte Grab:** Die Szenen zeigen einen Lykier mit seiner Familie, der vermutlich hier bestattet wurde.

40 km östlich von Myra liegt unser nächstes Ziel. **Finike,** eine kleine Stadt am Fluß, ist die bedeutendste Orangenplantage des Landes. In letzter Zeit hat sie sich zu einem beliebten Zwischenstopp für Segler gemausert, die sich hier mit Proviant eindecken. Kurz vor der Stadt kommt man an der großen **Andrea-Doria-Bucht** vorbei. Sie ist nach dem venezianischen Admiral benannt, der hier im 16. Jh., als er gegen die osmanische Marine kämpfte, angeblich sein Flaggschiff verbarg. In Finike gibt es nicht viel zu sehen, und den langen Strand übersäen matschige Orangen, der Abfall der Plantagen. Im Sommer ist das Klima hier so schwül, daß sich die Einheimischen in ihre Ferienhäuser auf dem kühlen Bergplateau zurückziehen.

Strand bei Olympos

Das erste Hotel am Platze ist das **Baykal Motel** (Tel: 0242/8551774), übrigens das einzige in der Türkei, das seinen Gästen ein kostenloses Pendel-Taxi zwischen Pension und Stadt bietet.

Für den Ausflug nach Olympos sollte man sich in Finike mit Proviant eindecken. Der Weg führt zunächst etwa 20 km die Küste entlang; nach Kumluca windet sich die Straße in Serpentinen durch Kiefern- und Zedernwälder bergauf. Auf der alten Straße von Finike nach Antalya biegt man beim Hinweisschild nach Çavus und Olympos rechts ab; nach etwa 2 km führt links eine sehr holprige Straße nach Olympos (7 km). Wer kein Auto mit Allradantrieb hat, sollte vorsichtig fahren – hier gibt es keinerlei Werkstätten!

Die Ruinenstadt **Olympos** liegt in einer Schlucht zwischen steil aufragenden Bergen. Durch die Stadt fließt ein Bach, an dessen Ufern die völlig überwucherten Ruinen stehen. Vor 2000 Jahren versteckten sich hier Piraten, die vorbeifahrende Handelsschiffe überfielen. Olympos, einer von 20 Orten und Bergen dieses Namens im östlichen Mittelmeerraum, wurde nie ausgegraben.

Am Südufer ist ein Kai zu erkennen, und wer durch das knietiefe Wasser watet, entdeckt die Reste eines römischen Theaters. Auf einem großen Friedhof findet man viele verzierte Gräber. Das Zentrum lag am Nordufer: Auf einem Hügel am Strand erheben sich die Reste einer Akropolis, und am Abhang stehen winzige Sarkophage, die wie Kindersärge aussehen. Die Mauerreste stammen wahrscheinlich von Wohnhäusern. Ein schattiges Plätzchen unter den Bäumen am Bach lädt zum Picknick ein; anschließend können Sie ein Bad nehmen; das Meer ist keine 200 m vom Eingang der Siedlung entfernt.

Grab in Olympos

Die Weiterfahrt nach **Çirali** führt uns zum ewigen Feuer von **Yanartas** („Brennender Stein"). Auf der neuen Straße nach Antalya biegt man rechts in die Schotterstraße nach Çirali ein. Der Weg führt etwa 5 km weit bergab bis zu einem kleinen Café, an dem man links abzweigt. Nach etwa 1,5 km führt ein Weg nach links in die Schlucht.

Lassen Sie Ihr Auto am Ende der Straße stehen, den Rest der Strecke müssen Sie nämlich zu Fuß bewältigen. Der Aufstieg bis Yanartas, eine Felsnase, die aus den kiefernbewachsenen Bergen ragt, dauert etwa 45 Min. – hüten Sie sich vor den Skorpionen!

Das Feuer brennt schon seit Jahrtausenden, ja, vielleicht schon seit Jahrmillionen. Der Sage nach werden die Flammen von einer Chimäre ausgespuckt, einem feuerspeienden Ungeheuer, das einst die ganze Küste in Angst und Schrecken versetzt haben soll. Dieses Monster mit dem Kopf eines Löwen, dem Körper einer Ziege und dem Schwanz einer Schlange wurde von dem lykischen Helden Bellerophon erschlagen, der auf einem geflügelten Roß namens Pegasus durch die Lüfte flog. Türkische Wissenschaftler führen das ewige Feuer auf einen Stau von unterirdischem Methangas zurück. Selbst wenn man Wasser in die Flammen gießt, schlagen sie sofort wieder hoch. Die Region ist vulkanischen Ursprungs und verfügt womöglich über beträchtliche Ölvorkommen. Von Schiffen vor der Küste aus kann man die Feuer nachts gut erkennen.

Unterhalb des Yanartas stehen einige seltsame Mauerreste. Man nimmt an, daß es sich um ein Heiligtum handelt, das dem Feuergott Hephaistos geweiht war. Eine der Ruinen erinnert an eine byzantinische Kapelle.

Wir setzen unseren Ausflug Richtung Antalya fort. Über etwa 70 km verläuft die Straße nun durch die Wälder des **Olympos-Nationalparks.** Links liegt **Bey Daglari,** ein Gebirgszug, dessen zerklüftete Gipfel an die Rocky Mountains erinnern. Kurz darauf erreicht man die Abzweigung nach **Kemer,** das mit vielen Feriendörfern aufwarten kann und sich dank seiner spektakulären Umgebung und enormer Anleihen bei der Weltbank zu einem blühenden Touristenzentrum entwickelt hat.

Etwa 20 km nördlich des Nationalparks schmiegt sich das alte **Phaselis** inmitten dichter Kiefernwälder an die Küste, das aufgrund seines Amphitheaters, der Aquädukte und Grabmäler zu den großartigsten archäologischen Sehenswürdigkeiten der Türkei zählt. Einige meinen, die Stadt sei 690 v. Chr. von rhodischen Siedlern gegründet worden. Andere behaupten, der Seher Mopsos habe schon viel früher, nach dem Trojanischen Krieg, griechische Siedler hierhergeführt.

In den **Beldibi-Höhlen** zwischen Kemer und Antalya lebten einst Steinzeitmenschen. Der türkische Archäologe Enver Bostanci entdeckte hier 1960 Feuersteine, Keramikscherben und Wandmalereien, auf denen eine Wildziege und andere Tiere dargestellt waren. Scheinbar waren die Bewohner der Höhlen Jäger. Die Funde sind im Museum von Antalya ausgestellt.

Weiter geht es auf der Schnellstraße Richtung Norden, und bald entdecken wir die schwarzen Felsen von Antalya, wo die weite Ebene Pamphyliens beginnt.

Das ewige Feuer von Yanartas

Antalya

Antalya, das „Honolulu der Türkei", ist die Hochburg des Tourismus an der Türkischen Riviera. Auf drei Seiten von schneebedeckten Bergen – dem Bey Dalar im Westen und dem Toros Dalar (Taurus) im Norden und Osten – umgeben, liegt es am Rande einer weiten, fruchtbaren Ebene, dem antiken Pamphylien. Die Gartenstadt mit ihren großen, palmengesäumten Parks thront auf hohen Klippen, die steil ins Mittelmeer abfallen.

Attalus II., König von Pergamon (159–136 v. Chr.), gründete die Stadt zu Beginn seiner Regierungszeit und nannte sie nach sich selbst Attaleia. Später wurde sie nacheinander von Römern und Byzantinern beherrscht. Zur Zeit des zweiten Kreuzzugs (um 1150) nutzten die Kreuzritter den Hafen für ihre Attacken auf die Moslems im östlichen Mittelmeerraum. 1207 eroberten die seldschukischen Türken Antalya, die mittels Vasallen regierten. 1361 nahm Peter de Lusignan, König von Zypern, die Stadt ein, doch 1391 fiel sie endgültig an die osmanischen Türken. Nach dem Ersten Weltkrieg wurde das Osmanische Reich in Besatzungszonen unterteilt, im Jahre 1919 okkupierten italienische Truppen den Golf von Antalya. Zwei Jahre später, nach dem erfolgreichen Widerstand der türkischen Nationalisten unter Atatürk, zogen die Besatzer ab. Heute hat Antalya 275 000 Einwohner.

Antalya

13. Rundgang durch Antalya

Ein Spaziergang am Nachmittag führt von Kaleiçi zu den Moscheen, Grabmälern und Museen der Altstadt. In einem Teppichladen können Sie den Webern zusehen. Mit einem Abendessen im Jachthafen endet unser Rundgang.

Zu den hübschesten Vierteln Antalyas gehört das alte Kaleiçi mit seiner großen Palette an preiswerten, einladenden Pensionen. Vom Cumhuriyet Bulvari aus fährt man die moderne Straße hinunter bis zum Park oberhalb des Jachthafens, wo man das Auto abstellt.

Die meisten Sehenswürdigkeiten des übersichtlichen Stadtteils kann man in zwei bis drei Stunden besichtigen. Wir beginnen unseren Rundgang in Kaleiçi und wandern von dort aus hinunter zum Jachthafen. Früher lag dort eine Werft, heute wimmelt es von Jachten, Motorbooten und Schonern. Im Hafen sollten Sie *ajur* probieren, einheimische saftige Gurken, und *frenk yemisi,* eine erfrischende Kaktusfrucht, die wie eine Mischung aus Wasser- und Kantalupmelone schmeckt und angeblich Nierensteine auflöst.

Die Iskele Caddesi, eine schmale, gewundene Straße, führt hinauf in die Neustadt. In einigen Andenkenläden werden handgemachte **Dösemeatl-Teppiche** verkauft; mit etwas Glück kann man jungen Mädchen an den Webstühlen zusehen. Die Teppiche sind nach einem Dorf in der Nähe von Antalya benannt.

An den Straßenecken bieten Händler einheimische Tees, Gewürze, Obst und Gemüse an. Besonders aromatisch sind *ada ay* (Inseltee), *dag ay* (Bergtee) und *tirmis,* eine Leckerei, die wie Mais aussieht, aber nach Haselnuß schmeckt.

Ein paar Schritte weiter stößt man auf einen der großen Plätze Antalyas, den **Kaleiçi-Platz,** mit seinem **Uhrenturm,** der einst zur Stadtmauer gehörte. Links erhebt sich das **Yivli Minare** (das kannelierte Minarett), das Wahrzeichen Antalyas.

Das kannelierte Minarett

Der 37 m hohe Turm aus roten Ziegeln wurde 1230 von Alaeddin Keykubat, einem seldschukischen Sultan, erbaut. Ursprünglich stand hier auch eine Moschee, die aber zerstört und 1373 durch die **Alaeddin-Moschee** ersetzt wurde.

Gleich südlich vom Minarett, auf dem Weg zum Jachthafen, steht die islamische Schule **Karatay Medresesi;** ein bedeutender Seldschuke ließ sie 1250 errichten. In der Nähe, etwas höher gelegen, entdeckt man zwei Grabmäler: **Zincirkran Mehmed Paa Türbe** (1378) und **Nigr Hatun Türbe** (1502). Die beiden islamischen Theologieseminare, **Atabey Armagan Medresesi** und **Ulu Cami Medresesi,** sind heute nur noch Ruinen.

Wir kehren nun zurück zum Uhrenturm, hinter dem die **Tekeli-Mehmet-Paa-Moschee** aus dem 17. Jh. liegt. Ihre architektonische

Statue im Antalya-Museum

Einmaligkeit verdankt sie dem Umstand, daß sich die Kuppeln des **Son Cemahat Yeri** („Der letzte Versammlungsort") im Inneren wölben und von außen nicht sichtbar sind. Ausländer dürfen die Moschee zwar betreten, müssen aber – wie auch alle Türken – am Eingang ihre Schuhe ausziehen. Frauen sind verpflichtet, Haar und Arme mit Tüchern zu bedecken.

Die lange Straße, die von Osten nach Westen durch die Stadt führt, heißt Cumhuriyet Bulvari und geht in den Orgeneral Kenan Evren Bulvari über. Wir biegen am Uhrenturm links ab und gelangen in Antalyas Hauptgeschäftsviertel mit eleganten Textilgeschäften und exklusiven Fischlokalen. Links liegt das Meer, und in der Ferne erkennt man das Bey-Daglari-Gebirge. Auf dem **Cumhuriyet Meydani** (Platz der Republik) weiter oben erinnert ein großes Reiterdenkmal an Atatürk, den Gründer und ersten Präsidenten der türkischen Republik.

Etwa 3 km weiter westlich, am Orgeneral Kenan Evren Bulvari, liegt in der Nähe des Konyaalti-Strandes das **Antalya-Museum**; es verfügt über eine große Sammlung an prähistorischen Gegenständen aus den Höhlen von Beldibi und Karain, Statuen aus der hellenistischen und römischen Epoche sowie völkerkundliche Exponate der türkischen Yörük-Nomaden. In der Nachbarschaft stehen zwei futuristisch anmutende Fünf-Sterne-Hotels: das **Sheraton Voyager** und das **Falez**.

Vom Uhrenturm aus gehen Sie die Atatürk Caddesi entlang, die von Norden nach Süden verläuft und den Cumhuriyet Bulvari kreuzt. In den umliegenden Gassen gibt es einige *lokanta* (einfache Lokale). An der Atatürk Caddesi biegen wir nach rechts ab zum **Hadrians-**

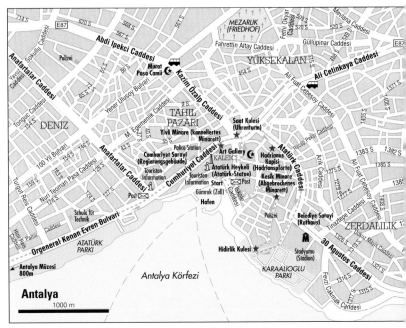

Tor (Hadrianus Kapisi), einem beeindruckenden dreibogigen Tor aus Marmor, das im Jahre 130 n. Chr. anläßlich des Besuches des römischen Kaisers errichtet wurde.

Folgen Sie der Straße bis zum **Rathaus** (Belediye Sarayi), und besuchen Sie den palmengesäumten Karaalioglu-Park, der neben einladenden Gartencafés einen fabelhaften Ausblick bietet.

Am östlichen Ende des Parks steht in der Nähe des **Café Mermerli** der **Hidirlik Kulesi,** ein runder Turm, der angeblich als Grab eines römischen Senators aus Antalya diente. Zwischen der Atatürk Caddesi und dem Hafen erhebt sich das **Kesik Minare,** das „abgebrochene Minarett", und daneben die völlig zerstörte **Korkut-** bzw. **Cumanin-Moschee.** Sie wurde im 5. Jh. als Panaghia-Kirche errichtet, später zu einer Moschee umgebaut und im 19. Jh. zerstört.

In der Altstadt lockt das **Restaurant Hisar** mit türkischen Speisen und Meeresfrüchten. Wer nach dem Abendessen noch munter ist, kann sich in der **Club 29 Bar** am Hafen amüsieren.

14. Fahrt nach Alanya

Fahrt in den Urlaubsort Alanya. Besuch der Ruinen von Perge; Besichtigung von Aspendos und seinem Theater; die Ruinen von Side. Forellen-Essen an den Wasserfällen von Manavgat; Baden an den goldenen Stränden von Alanya.

Die vielbesuchte Stadt **Alanya** ist bekannt für ihre stolze Burg und ihre wunderschönen Strände. Unterwegs besuchen wir die antiken Ruinen von **Perge, Aspendos** und Side. Die Hauptstraße nach Alanya zweigt vom Cumhuriyet Bulvari und der **Sudi Türel Caddesi** in Antalya ab.

Unser erstes Ziel ist **Perge,** etwa 20 km von Antalya entfernt in hügeliger Landschaft. Die Straße dorthin führt links von der Hauptstraße ab und ist beschildert.

Bei der Ankunft in Perge sehen Sie als erstes das linker Hand gelegene römische Amphitheater aus dem 2. Jh. n. Chr., in dem 17 000 Zuschauer Platz fanden. Die Hauptruinen sind knapp 1 km vom Theater entfernt. Man läßt hier das Auto stehen und geht zu Fuß weiter. Als nächstes erreicht man das 234 m lange und 34 m breite **Stadion,** das 12 000 Besuchern Platz bot und zu einem der am besten erhaltenen

Die Ruinen von Perge

im östlichen Mittelmeerraum zählt. In den miteinander verbundenen, nach außen hin offenen Gewölben muß man sich Geschäfte vor-
stellen. Die eigentliche Stadt gleich hinter dem Stadion war einst
von einer Mauer mit 30 Türmen umgeben. Überreste davon sind noch

Die Arkadenstraße

zu sehen. Man betritt die Ruinen durch das römische **Stadttor** und durch das von zwei Rundtür-
men flankierte **Südtor** der hellenistischen Stadtmauer. Der anschließende ovale **Hof** war früher
mit Marmor verkleidet. Dieser Hof ist der ein-
drucksvollste Teil von Perge: In den zahlreichen
Nischen, die in die dicken Mauern eingelassen sind,
standen Götter- und Heldenstatuen, unter anderem auch die der sagenumwobenen Stadtgründer
Mopus und **Clacas.** Das nördliche Ende des Hofes bildete ein **Triumphbogen** mit drei Durchläs-
sen, der ebenfalls reich mit Statuen geschmückt
war. Rechts des Tores sehen Sie die aus römischer
Zeit stammende **Agora.** Die Anlage war mit Ar-
kaden umgeben, hinter denen das einstige Geschäftszentrum angesiedelt war.

Nördlich davon verläuft die **Arkadenstraße**, damals die Hauptstraße von Perge, die durch beide
Stadttore führt. Sie war 20 m breit, und in ihrer Mitte verlief eine
2 m breite Wasserrinne. Das Wasser für die Stadt entsprang einer
höhergelegenen Quelle. Auf halber Strecke der Arkadenstraße erkennt
man links die Ruinen der **Basilika,** ein ehemaliger Bischofssitz. Am
Ende der Straße, in der Nähe der Akropolis, steht ein **Nymphäum**
(Hauptbrunnen der Stadt). Wenn man an der Kreuzung nach links

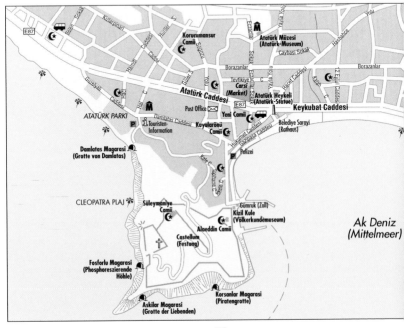

Das Amphitheater von Aspendos

abbiegt, erreicht man zuerst das **Gymnasium,** dann ein **Bad.** Am Ende dieser Straße steht eine **Nekropole** mit mehreren Gräbern.

Über die frühe Geschichte von Perge herrscht immer noch Unklarheit. Man nimmt jedoch an, daß die Stadt nach den Trojanischen Kriegen von griechischen Zuwanderern gegründet wurde. Im 4. Jh. v. Chr. ergab sich Perge kampflos Alexander dem Großen. Dieser benutzte die Stadt als Militärstützpunkt für seine Angriffe auf das südwestliche Kleinasien. Nach den arabischen Überfällen im 7. Jh. n. Chr. verließen die Bewohner von Perge ihre Heimat aus bislang unbekannten Gründen.

Wir verlassen Perge, fahren zurück zur Hauptstraße und weiter Richtung Alanya. Unser nächstes Ziel ist **Aspendos,** ungefähr 50 km von Antalya entfernt in der Nähe des Dorfes Belkiz. Die etwa 5 km lange Schotterstraße nach Aspendos zweigt links von der Hauptstraße ab und ist beschildert. Vor Aspendos überquert man den Fluß Köprüçay (oder auch **Eurymedon**). Bei den ersten Ruinen, auf die man stößt, handelt es sich um die Überreste zweier öffentlicher Bäder. Im imposanten **Amphitheater von Aspendos** hatten 20 000 Zuschauer Platz. Die Akustik des Theaters (in dem der Lieder-Wettbewerb „Akdeniz Akdeniz", dt. Oh Mittelmeer! Oh Mittelmeer!, ausgetragen wird) ist auch heute noch ausgezeichnet.

In der Nähe des Stadions findet man einige Sarkophage und

Gräber, eines davon in den Felsen. Die Akropolis hinter dem Amphitheater kann man durch drei Tore betreten; das nördlichste Tor ist am besten erhalten, allerdings halb eingesunken. Zu dem Gebäudekomplex gehören eine Agora (Markthalle) mit mehreren gut erhaltenen Läden, eine **Basilika** aus dem 3. Jh., ein **Nymphäum**, ein **Ratszimmer** und ein **Aquädukt.**

Zur Hauptstraße zurück geht es über die steinerne **Köprüçay-Brücke,** die im 13. Jh. von den Seldschuken errichtet wurde. Sie ist gerade so breit, daß ein Auto sie überqueren kann.

Unser nächstes Ziel ist der bezaubernde Ferienort **Side.** Etwas außerhalb dieses Städtchens, auf einer ca. 80 km von Aspendos entfernten Halbinsel, hat man die Ruinen einer der ältesten antiken Siedlungen der Türkei ausgemacht. Man erreicht sie über eine Straße, die vor der Stadt **Manavgat** bei einer Tankstelle nach links abzweigt.

Die vielen Ruinen verleihen Side eine romantische Atmosphäre. Am schönsten ist es in der Nebensaison von November bis März, wenn nur wenige Touristen hier sind. Die verlassenen Ruinen inmitten der leeren Straßen des heutigen Side üben dann eine überwältigende Faszination aus. Im Sommer sind sämtliche Hotels und Pensionen ausgebucht.

Side ist ein altgriechisches Wort und heißt „Granatapfel" – das griechische Symbol für Fruchtbarkeit. Man nimmt an, daß die Stadt im 14. Jh. v. Chr. von Nomaden gegründet wurde. Im 6. Jh. v. Chr. wurde sie von den Lykiern, danach von den Persern beherrscht. Alexander der Große eroberte Side 334 v. Chr.; später wurde die Stadt von den Ptolemäern und den Seleukiden kontrolliert. Im Pergamenischen Reich entwickelte sie sich in den beiden letzten vorchristlichen Jahrhunderten zu einem bedeutenden Handelshafen, dessen Überreste noch zu sehen sind. Danach wurde Side eine griechisch-römische Stadt und ein wichtiges christliches Zentrum, im 12. Jh. n. Chr. aber verließen es die Bewohner. Die heutigen Einwohner von Side sind die Nachkommen türkischer Flüchtlinge, die während der Aufstände im Jahre 1898 von Kreta flohen.

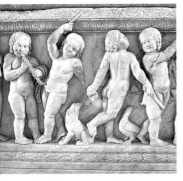

Im Museum von Side

Side wurde durch den einstigen Herausgeber der *Washington Post* und Pulitzerpreisträger Alfred Friendly bekannt, der viele Jahre hier verbrachte. Mit Hilfe einer von Friendlys Frau gegründeten Stiftung werden viele Ruinen der Stadt – unter anderem auch die Tempel am Hafen – restauriert.

In Side stößt man zunächst auf ein Aquädukt, die Reste der Stadtmauern und ein Nymphäum. Man fährt an der Statue des Vespasian vorbei bis zum Stadttor, wo man das Auto abstellen kann.

Die Stadtmauern von Side sind zum größten Teil entweder im Sand oder im Meer versunken. Die Hauptstraße der Ruinenstadt führt bis zum **Hafen** hinunter, einst das Handelszentrum von Pamphylien,

Die Wasserfälle von Manavgat

heute ein kleiner Fischerhafen. Links sehen Sie den **Apollo-Tempel** und den **Tempel der Athene.** Beide stammen aus dem 2. Jh. v. Chr. Daneben steht eine byzantinische Basilika aus dem 9. Jh. Am Westrand der Stadt erhebt sich ein korinthischer Tempel, der zu Ehren des anatolischen Mondgottes Men erbaut wurde; östlich davon erstreckt sich ein langer, halbmondförmiger Sandstrand. Von hier aus ist es dann nicht mehr weit zurück zum gut erhaltenen **Amphitheater.** Das mächtige, im 2. Jh. erbaute Gebäude bot 15 000 Zuschauern Platz. Von der obersten Sitzreihe aus genießt man einen phantastischen Blick auf Side. Unmittelbar dahinter liegen die Agora und der Tyche-Tempel. In der restaurierten **Agoratherme** beim Theater ist das **Archäologische Museum** untergebracht.

Nach der Besichtigung von Side geht es auf der Hauptstraße weiter zu den Wasserfällen von **Manavgat,** wo man sehr gut zu Mittag essen kann. Die Stadt **Manavgat** liegt auf halber Strecke zwischen Antalya und Alanya, die Straße dorthin zweigt links von der Hauptstraße ab. Nach 17 km erreichen Sie den **Oymapinar-Damm,** einen der größten Staudämme der Türkei. Wer Zeit hat, sollte ihn besichtigen – ein lohnender Abstecher. Allerdings müssen Sie vorher eine Erlaubnis einholen. Nach weiteren 5 km kommt man an die Abzweigung, die zu den Wasserfällen führt. Man biegt rechts ab und geht dann zu Fuß weiter. Mehrere schattige Restaurants in der Nähe der malerischen Wasserfälle laden zur Rast ein. Hier können Sie *alabalık* (Forelle), *piliç sis* (Hühnchen am Spieß), *piliç çevirme* (gegrilltes Huhn) und köstliche Appetithappen zu sich nehmen. Die Forellen-Bestände im Fluß **Manavgat** zählen zu den größten in der ge-

Die Bucht von Alanya

Die Festung von Alanya

samten Türkei; Sportbegeisterte können hier auch Schlauchboot-Fahrten unternehmen.

Nach dem Mittagessen fahren wir zurück zur Straße nach Alanya, das noch etwa 50 km von Manavgat entfernt ist. Die Küstenstraße bietet eine ausgezeichnete Sicht auf schöne, einsame Strände, wie beispielsweise den **Incekum-Strand.**

Etwa auf halber Strecke nach Alanya steht linker Hand eine türkische Karawanserei aus dem 13. Jh., **Serapsu Han,** die allerdings nicht besonders sehenswert ist.

Alanya wurde auf einer Halbinsel gebaut, die von weitem wie eine riesige Schnecke aussieht. Auf roten Felsen erhebt sich eine mit Zinnen bewehrte Festung, die im 13. Jh. von den Seldschuken errichtet wurde. Im Altertum stand auf dem Boden der heutigen Stadt die Seeräuberfestung **Korkesion.** Die hier ansässigen Piraten überfielen Handelsschiffe, die gefangenen Besatzungsmitglieder verkauften sie als Sklaven. Korkesion war die Stadt, die der verliebte Marcus Antonius erwarb, um sie Kleopatra als Geschenk zu überreichen.

Bei Alanya erstrecken sich einige der schönsten Strände der Türkei. Deshalb sollten Sie die Gelegenheit nutzen, sich etwas in der Sonne zu aalen und zu baden. Nach einem erfrischenden Bad geht unsere Fahrt weiter zur **Grotte von Damlatas** am südwestlichen Ende der Halbinsel. Die stickig-feuchte Luft in dieser bizarren Tropfsteinhöhle mit ihren farbenprächtigen Stalaktiten hat einen hohen Kohlensäuregehalt und ist angeblich gut gegen Asthma und andere Atemwegserkrankungen. Ältere Leute mit Herzproblemen sollten die Höhle meiden.

Nach der Besichtigung der Grotte führt unser Weg ins Zentrum von Alanya. Am Fuße der Halbinsel sieht man viele Restaurants.

Einheimische

Alanyas breite Uferpromenade führt an dem schönen Hafen entlang, in dem auch große Schiffe anlegen können. Die Türken nennen die Stadt häufig „Klein-Deutschland", weil jedes Jahr Zehntausende von Deutschen hier ihren Urlaub verbringen. Die Wahrzeichen Alanyas sind der mit Zinnen bewehrte Rote Turm (Kizil Kulesi), der im 13. Jh. errichtet wurde, und die antiken Schiffswerften.

Von der Burg auf dem höchsten Punkt der Halbinsel (243 m) aus genießt man einen großartigen Blick auf Alanya. 7 km windet sich die alte Stadtmauer um die Stadt und den Berg hinauf zu der mit drei Türmen bewehrten Zitadelle (Içkale). Im Hof der inneren Festung stehen eine byzantinische Kirche und ein schattiges Café. Häufig verkauft hier ein Mann Puppen aus Kürbissen. An der nordöstlichen Seite des Hofes befindet sich der **Adam atacagi.** Von hier aus stürzte man die zum Tode verurteilten Männer hinunter. Ein Verurteilter wurde nur dann begnadigt, so heißt es, wenn er von hier aus einen Stein ins Meer werfen konnte – ein Ding der Unmöglichkeit. Das vergitterte Loch neben der Wurfstelle war vermutlich der Kerker, in dem die Gefangenen auf ihren Tod warteten.

Von der Burg aus hat man einen schönen Blick auf die **Cilvarda Burnu,** ein felsiges Vorgebirge mit den Ruinen dreier Gebäude: der Münze **(Darphane),** eines Turmes und eines Klosters.

Kurz bevor man die Burganlage verläßt, zweigt eine Straße nach links zum alten Stadtviertel Alanyas ab. Dabei kommt man an der inneren Festung, der **Ehmedek,** vorbei. Sehenswert im alten Viertel sind die **Akçebe Sultan Mescidi,** eine kleine Moschee, und **Türbe,** eine Grabmoschee. Beide wurden 1230 von Sultan Alaeddin Keykubat errichtet und bestehen aus drei Gebäudeteilen; zwei davon beherbergen Gräber. Besichtigen sollte man auch die **Mecdüddin-Zisterne,** eine Karawanserei mit 26 Räumen. Die nahe **Alaeddin-Moschee** (13. Jh.) wurde von Sultan Süleiman dem Prächtigen im 16. Jh. restauriert.

Wir kehren nach Alanya zurück. In der **Bamyaci-Eisdiele** (Güler Pinari Mahalesi, Keykubat Mevkii) bekommen Sie das beste Eis der Türkei. Kemal Bamyaci, seit Jahrzehnten der Besitzer, serviert viele verschiedene Sorten und Sorbets.

Der Kai in Alanya

Weiter geht es zum **Kizil Kule,** einem fünfstöckigen, 33 m hohen, achteckigen Turm mit dem **Völkerkundemuseum.** Hier sind unter anderem Zelte, Teppiche und Waffen ausgestellt. Gegenüber liegt die alte **Werft (Tersane),** auf der die Seldschuken einst ihre Schiffe bauten. Heute noch werden dort kleine Boote gezimmert.

Anschließend kehren wir nach Antalya zurück. Fürs Abendessen empfiehlt sich das **Yedi-Mehmet Restaurant** (Tel.: 0242/2411641) am Konyaalti-Strand, das orginial türkische Spezialitäten serviert.

Einkaufen

Das Angebot an kleinen und großen Souvenirs ist unerschöpflich: Von handgewebten Teppichen über Lederjacken, kniffligen Haremsringen aus Gold und Silber bis zu Meerschaumpfeifen ist beinahe alles zu haben. Außerdem gibt es Ledersandalen, Sorgenperlen, Kupferwaren, Keramikkacheln und Schwämme. Viele Urlauber besorgen hier bereits im Oktober ihre Weihnachtseinkäufe!

Handgewebte Teppiche

Ob als Dekoration für Wände, Böden oder gar Tische – handgewebte Teppiche und Kelims zählen zu den bekanntesten Exportartikeln der Türkei. Als Gradmesser für die Qualität gilt die Zahl der Knoten pro cm^2: Je dichter die Knoten, desto feiner und steifer das Gewebe. Allerdings sind die Geschmäcker verschieden: Manche ziehen weiche und elastische Gewebe vor. So kann ein Seidenteppich zwischen 100 und 900 Knoten pro cm^2 aufweisen, während die durchschnittliche Knotenzahl bei Wollteppichen bei 36 pro cm^2 liegt. Seidenteppiche sind deshalb weit teurer als Produkte aus Wolle oder Baumwolle.

Teppiche kann man an der Türkischen Riviera überall erstehen, die Teppichfarm Ildiz in der Nähe von Bodrum bietet die größte Auswahl. Die in Istanbul ansässige Firma Ildiz, ein großer Teppichhersteller und Exporteur, richtete diese auf der Welt einmalige Teppichfarm ein, auf der

Auch als Wandschmuck gut Fachkräfte Zehntausende von handgemachten Teppichen waschen und anschließend in der Sonne trocknen. Dem Konzern gehört die Kette der „Tribal Art Carpet Shops". Auf der knapp 7 ha großen Farm können gleichzeitig rund 20 000 Teppiche getrocknet werden. Im Frühsommer ähnelt das Gelände einem riesigen, bunten Mosaik.

74

Metall, Meerschaumpfeifen und Keramik

Der Teppichladen **Bazaar 54** in Marmaris (Netsel Marina) hat neben einer breiten Auswahl an (Seiden-) Teppichen auch viele Gebrauchsgegenstände aus Kupfer und Zinn wie beispielsweise Teller, Tabletts und Wandschmuck sowie Meerschaumpfeifen und Keramik im Angebot.

Egal ob Sie rauchen oder nicht: Meerschaumpfeifen eignen sich als ausgefallene Tischdekoration. Die Türkei ist der größte Hersteller von Meerschaum; das weiße Magnesiumsilikat kommt überwiegend aus dem westanatolischen Eskisehir, wo Hunderte von Handwerkern das weiche Mineral zu Pfeifen mit ungewöhnlichem Figurenschmuck verarbeiten, darunter osmanische Sultane mit Turban oder international bekannte Politiker wie Bill Clinton und Helmut Kohl. Die meisten der größeren Andenkenläden verkaufen diese Pfeifen.

Türkische Keramik

Farbenprächtiges Keramikgeschirr, Vasen und Kacheln, meist im anatolischen Kütahya hergestellt, werden an der gesamten Küste angeboten und sind als Souvenir oder Geschenk gut geeignet.

Gebetsperlen und vertrackte „Haremsringe" aus Gold und Silber sind die Renner beim Schmuck, doch sollten Sie sich vor dem Verlassen des Geschäfts unbedingt zeigen lassen, wie man einen solchen Ring zusammensetzt! Handgemachter Gold- und Silberschmuck ist in der Türkei deshalb so preiswert, weil die Lohnnebenkosten nicht so hoch sind wie bei uns. Besondere blaue Perlen, die den „bösen Blick" abwenden sollen, sind ebenfalls populär.

Eßbares

Sie haben die Qual der Wahl zwischen Honig, Gewürzen wie Safran, Kiefern- und Pecan-Nüssen, *tirmis,* dem unwiderstehlichen Türkischen Konfekt aus Fruchtgelee, oder honigtriefenden Backwaren wie *baklava.*

Schwämme

Die Türkei ist nach wie vor der weltweit größte Produzent von Badeschwämmen, die sich hervorragend als Mitbringsel eignen. Viele Türken im Küstenbereich leben vom Schwammtauchen, vor allem in der Gegend um Bodrum. Die Schwämme, poröse Meereswesen, leben in einer Wassertiefe von 10 bis 70 m, bisweilen auch darunter. Es gibt über 5000 Arten, vor allem im Salzwasser. Die unterschiedlich geformten Schwämme können einen Durchmesser von 1 m erreichen. Das türkische Wort für Schwamm ist *sünger.*

Vielleicht sind Geister drin

Essen-& Ausgehen

Die türkische Küche zählt zu den besten der Welt. Ihre große Vielfalt beruht auf dem Erbe des Osmanenreiches, das sich von den Toren Wiens bis zur Südspitze der Arabischen Halbinsel und vom Kaspischen Meer bis zur Sahara erstreckte. Fischlokale an der Küste haben ungewöhnliche *meze*-Spezialitäten auf der Karte, die aus Griechenland eingeführt wurden. Überall auf der Halbinsel Bodrum kann man guten Fisch und Meeresfrüchte essen.

In Bodrum, Marmaris, Fethiye und Antalya gibt es zahlreiche türkische und internationale Restaurants sowie einheimische *lokantas,* Speiselokale für das einfache Volk. Neben traditionellen türkischen Restaurants, die mit einer großen Auswahl an Vorspeisen, Suppen, Fleisch- und Gemüsegerichten, raffinierten Desserts und – natürlich – türkischem Kaffee aufwarten, servieren Imbißläden Fast food wie Hamburger, Hühnchen, Pizza und Pommes. Allein in der Gegend von Bodrum haben sich 17 chinesische Restaurants, ein Dutzend Italiener sowie unzählige Fast-food-Lokale niedergelassen. Die einheimischen Spezialitäten dieser Region und die Fischgerichte zählen zu den besten des Landes.

Bodrum

Das beste türkische Restaurant ist das **Han Restaurant** (Kale Sokak, Tel: 0252/3161615) in einem alten *han,* einem osmanischen Gasthof. Zu türkischer Musik werden hier abends leckere *kebabs* angeboten. Unternehmungslustige Gäste können zum Klang von Trommeln, türkischer Flöte *(zurna)* und Geigen zusammen mit Profi-Tänzerinnen eine Art Bauchtanz aufführen.

Zu den herausragenden chinesischen Lokalen in Bodrum gehört sicher **Salmakis Chinese Restaurant** (Cumhuriyet Cad., Tel: 0252/3161090), das Klassiker zu moderaten Preisen serviert. Erwähnenswert ist auch das **Far East Chinese Restaurant** (Neyzen Tevfik Cad. 146, Tel: 0252/3165541) mit Blick auf den Hafen. Bei **Kocadon** (Neyzen Tevfik Cad., 160, Tel: 0252/3163706) können Sie aus seiner großen Palette an Meeresfrüchte-Salaten wählen: in Zitrone marinierter Tinten-

Fisch ist immer gut

fischsalat mit Olivenöl, eingelegte Brasse, Shrimps und *kalamar,* gebratener Tintenfisch. Auch bei **Amphora** gibt es Salate zu bescheidenen Preisen.

In den Kleinstädten und Dörfern um Bodrum häufen sich gute Fischrestaurants: So können Sie in Gümüslük einen Sonnenuntergang zu *midye tava* genießen – gebratene Muscheln mit Fisch wie *Tarana* (Heilbutt), entweder am Spieß gegrillt oder gedünstet *(buulama)* mit Tomaten, Zwiebeln, Paprika und *kasar*-Käse in einer Pfanne serviert. Sie können Ihren Fisch aber auch direkt bei den Fischern kaufen und ihn in einem der Lokale zubereiten lassen.

Marmaris

Das beste türkische Restaurant am Platze ist **Birtat** (im Jachthafen, Tel: 0252/4125160), dessen günstige Preise neben gegrilltem Fleisch und *sis kebab* auch den Blick über den Hafen mit einschließen. Gute Pizza hat **Pronto Pizza** (Atatürk Caddesi Abdi Ipekci Park Yani). Guten Fisch bekommen Sie bei **Yakamoz** (Kemeralti Selen Otel Karsisi, Tel: 0252/4125160). Ein weiteres gutes Fischlokal ist **Baba'nin Yeri** (Papas Palast), ein baufälliges Etablissement in den Ruinen von Knidos. Bestellen Sie *istakoz* (Hummer) und *barbunya* (Graue Meeräsche).

Fethiye

Sie sollten sich das hervorragende **Happy Chinese Restaurant** (gleich neben dem Jachthafen) mit seiner außerordentlich guten und dabei preisgünstigen chinesischen Küche nicht entgehen lassen. **L'Angolo Italiano** (Neyzen Tevfik Caddesi, Yali Cikmazi) ist ein guter und preiswerter Italiener, **Pizza 74** (Atatürk Caddesi, 4, Tel: 0252/6141869) das beste italienische Restaurant in Fethiye. Von den türkischen ist **Megri** (Eski Cami Gecidi Likya Sok, Tel: 0252/ 6144046) zu empfehlen, und unter den Fischlokalen ragt **Rafet** (Kordonboyu) heraus, dessen Besitzer Rafet Tuna, ein türkischer Flüchtling aus Bulgarien, delikaten *orfoz* (Dunkler Barsch) und *akya* (Leerfisch) auftischt.

Getrocknete Aprikosen

Antalya

Kirkmerdiven Restaurant (Selçuk Mahalesi Mussala Sok, 2, Tel: 0242/2429686) und **Pink Restaurant** (Mermerli Sok, 2, Tel: 0242/ 2486591, 2486478) in der Altstadt zeichnen sich besonders aus, wobei letzteres, das zum Turk Evi Otelleri gehört, obendrein einen überwältigenden Blick auf den alten Hafen eröffnet. Zu empfehlen sind außerdem **Kral Sograsi** (türkische Küche und Fisch zu niedrigen Preisen, **Yedi Mehmet** (türkische Küche) am Strand vor der Stadt und **Kirkmerdiven** (preiswerte *kebabs* und Lamm) in der Altstadt.

FEIERTAGE & EREIGNISSE

JANUAR

Alljährlich veranstaltet der Marktflecken Selçuk die berühmten Kamelkämpfe. Informationen können Sie bei der Touristeninformation von Selçuk (Tel: 0232/8926945) einholen. Zwei Tage lang ringen die stärksten männlichen Kampfkamele der Türkei in den Ruinen des Stadions von Ephesus um Preisgelder und Trophäen. Tausende von Zuschauern strömen zusammen, nicht nur um der Wetten willen, sondern auch, um Teppiche und anderes Kunsthandwerk an den Mann zu bringen.

Die 250 besten türkischen Kampfkamele heißen *tülüs*. Mit ihren 1,8 m Schulterhöhe und 2,3 m hohen Höckern können diese Tiere ihrem Besitzer über 1000 Dollar pro Runde zuzüglich Gewinne aus Nebenwetten einbringen. Außerdem winken eine Trophäe sowie Preise in Form von Teppichen.

Über 120 Kamele treten bei dieser gigantischen Veranstaltung an. Zwei männliche *tülüs* werden, schnaubend und brüllend, in das Stadion geführt, wo sie sich an den einander gegenüberliegenden Seiten aufstellen. Sobald ein weibliches Kamel die beiden Rivalen in Rage bringt, stürzen sie wie erzürnte Bullen aufeinander los, rammen ihre Schädel gegeneinander, stoßen sich in die Seiten, treten einander und verhaken ihre Hälse oder Beine ineinander. Der Stärkere versucht den Gegner mit seinem Gewicht aus dem Feld zu räumen.

Jede Runde dauert etwa zehn Minuten. Danach trennen zwei Teams mit je neun Männern in Schutzkleidung aus rotem und blauem Leder die Tiere wie beim Tauziehen voneinander. Kein Kamel wird ernsthaft verletzt, die einzigen Blessuren sind Prellungen und blutige Nasen. Um zu gewinnen, muß das eine Kamel das andere auf die Seite stoßen, aus dem Stadion jagen oder es dazu bringen, eine Art Kapitulationsschrei auszustoßen. Andernfalls gilt der Kampf als unentschieden.

MAI

Im Mai findet das **Musikfestival von Kusadasi** mit zahlreichen internationalen Pop-, Jazz- und Folksängern statt. Informationen erteilt die Touristeninformation Kusadasi (Tel: 0256/6141103/614295).

Im Herbst wird der **Bodrum Cup** ausgetragen, die einzige internationale Regatta für Holzjachten *(gulets),* bei der Passagiere die Rolle der Mannschaft übernehmen können. Der Kurs orientiert sich an den klassischen Strecken der „Blauen Fahrt". Die Regatta ist in erster Linie ein internationales Jachtfestival; zudem soll der Einsatz von Segeln innerhalb der türkischen Flotte traditioneller *gulets* angekurbelt werden. Der Wettbewerb ist auf hölzerne Jachten beschränkt, obgleich andere Boote teilnehmen, aber keine Preise gewinnen können. Näheres hierzu bei: Era Yachting and Tourism (Neyzen Tevfik Caddesi, 4 Bodrum, Tel: 0252/3162310, Fax: 0252/3165338).

Gleichfalls im Herbst (meist Ende Oktober oder Anfang November) finden das jährliche **Antalya Golden Orange Film Festival** und das **Kunstfestival** statt.

Hier werden die führenden türkischen Filme des Jahres gezeigt. Das Festival überschneidet sich mit dem **Liederwettbewerb Akdeniz Akdeniz**, bei dem Solisten aus etwa 20 Mittelmeerstaaten im römischen Theater von Aspendos, 40 km von Antalya entfernt, zu einem internationalen Sängerwettstreit antreten. Informationen gibt es beim Antalya Tourism Office, Tel: 0242/2471747.

DEZEMBER

In Demre treffen sich Theologen und Amateurhistoriker zum weltweit einzigen **Festival und Symposium des heiligen Nikolaus** (1.–6. Dezember).

Normalerweise finden am 6. Dezember Gottesdienste in der Kirche des heiligen Nikolaus statt; Derwische führen Tänze und religiöse Gruppen Chorkonzerte auf. Wenden Sie sich an Grün Marazin, Tel: 0242/2424769, Fax: 0242/2423735.

Die Kamelkämpfe in Selçuk

WISSENSWERTES

VERKEHRSMITTEL

Fluglinien

Turkish Airlines verfügt über ein gut ausgebautes inländisches und internationales Flugnetz. Wenn Sie an die Türkische Riviera reisen, haben Sie von Istanbul aus Anschlußflüge zum Izmir Adnan Menderes International Airport, zum Dalaman International Airport oder zum Antalya International Airport. Im Sommer fliegen auch zahlreiche europäische Charterlinien die genannten Städte direkt an. Eine Flughafengebühr ist nicht zu entrichten.

Eigentümer von Privatflugzeugen können den Imsik Airport direkt anfliegen, einen kleinen Flugplatz nahe Muncular. Das Dorf liegt 32 km von Bodrum entfernt und ist für seine Teppichproduktion bekannt.

Büros der *Turkish Airlines* finden Sie an der Türkischen Riviera in Antalya, Tel: (0242) 2423432/2412830, und in Dalaman, Tel: (0252) 6925899.

Schiff und Fähre

Turkish Maritime Lines unterhält regelmäßige Schiffsverbindungen von Istanbul nach Bodrum, Marmaris und Antalya. Von April bis Oktober verkehren Fähren zwischen Bodrum und der Halbinsel Datça im Süden des Golfs von Gökova. Außerdem bestehen von Bodrum aus Fährverbindungen nach Marmaris und Kasadasi sowie zu den Inseln Kos, Rhodos und Samos.

Bus

Von Istanbul, Ankara und Izmir aus verkehren regelmäßig Busse nach Bodrum, Fethiye, Marmaris, Antalya und Alanya.

Ankunft mit dem Schiff

REISEINFORMATIONEN

Klima

Die Sommermonate an der Türkischen Riviera sind im allgemeinen heiß und schwül, die Winter sehr milde. Die beste Zeit für einen Aufenthalt ist im Mai/Juni und in September/Oktober. Im Juli/August ist es dagegen unerträglich heiß, weshalb die einheimischen Bewohner sich auch meist in die kühleren Berge zurückziehen.

Durchschnittliche Temperaturen an der Ägäis **(Bodrum)**:

Januar: 10 °C
April: 21 °C
Juli: 31 °C
Oktober: 22 °C

Durchschnittliche Temperaturen an der Mittelmeerküste **(Antalya)**:

Januar: 11 °C
April: 22 °C
Juli: 32 °C
Oktober: 23 °C

Einreise

Deutsche Staatsangehörige benötigen für einen Aufenthalt von bis zu drei Monaten lediglich den Personalausweis.

Impfungen

Im allgemeinen sind für die Türkei vorbeugende Maßnahmen nicht notwendig, die regelmäßige Auffrischung der Tetanus/Polio-Impfung vorausgesetzt. Wer nach Zentral- oder Ostanatolien fährt, sollte sich gegen Cholera und Typhus impfen lassen; Besuchern der Region zwischen Adana und Antakya ist eine Malaria-Prophylaxe zu empfehlen.

Zoll

Die Ausfuhr von Antiquitäten ist untersagt. Wer gegen dieses Verbot verstößt, risiert ein Verfahren wegen Schmuggels.

Kleidung

Im Sommer empfiehlt sich leichte Baumwollkleidung. Im Winter, von November bis März, sollte man wärmere Oberbekleidung mitbringen. Bequeme Schuhe sind ein absolutes Muß, wenn Sie die historischen und archäologischen Stätten besichtigen wollen. Während gegen die Sonne eine beliebige Kopfbedeckung schützt, brauchen Frauen beim Moscheebesuch unbedingt ein Kopftuch; Arme und Beine sollen bedeckt sein.

Elektrizität

Die Stromspannung in türkischen Steckdosen beträgt 220 Volt, 50 Hz. Der übliche europäische Stecker kann im allgemeinen verwendet werden.

Zeitzonen

Der Zeitunterschied zu Mitteleuropa beträgt eine Stunde. Auch in der Türkei gilt die europäische Sommerzeit.

Die meisten Banken an der Türkischen Riviera lösen Traveller-Schecks ein und wechseln ausländische Währung. Öffnungszeiten: Montag mit Freitag von 8.30 bis 12 Uhr und von 13.30 bis 17 Uhr.

Im allgemeinen hat in den größeren Urlaubsorten zumindest eine Bank das ganze

Einheimische Kleidung

Wochenende über geöffnet. Private Wechselstuben in den größeren Touristenzentren schließen teilweise erst um Mitternacht.

Die Währung ist die Türkische Lira (TL.) mit Münzen zu 500, 1000, 2500 und 5000 Lira sowie Banknoten zu 10 000, 20 000, 50 000, 100 000, 250 000, 500 000 TL. Die Türkei hat eine Inflationsrate von bis zu 130 %.

Trinkgeld

Der in den Rechnungen der Restaurants enthaltene Bedienungszuschlag von 10 % fließt oft in die Taschen der Besitzer. Deshalb wird ein zusätzliches Trinkgeld von etwa 5 % erwartet.

TOURISTENINFORMATION

Folgende Touristeninformationen beraten Sie an der Türkischen Riviera:

Alanya
Damlatas Magrasi Yani
Damlatas Caddesi, 1
Tel: (0242) 5131240/ 5134636

Antalya
Selçuk Mahalesi Mermerli Sok
Ahi Yusuf Camii Yani Kaleiçi
Tel: (0242) 2475042/ 2470541/ 2431587

Bodrum
Iskele Meydani
Tel: (0252) 3161091/ 3167694

Dalaman
Dalaman Hava Limani
Tel: (0252) 6925220

Datça
Belediye Binasi
Iskele Mahalesi
Tel: (0252) 7123546

Fethiye
Iskele Karsisi, 1
Tel/Fax: (0252) 6141527

Tourist Information

Kusadasi
Limani Caddesi, 13
Tel: (0256) 614103
Fax: (0256) 6146295

Marmaris
Iskele Meydani, 2
Tel: (0252) 4121035/ 4127277

Selçuk
Atatürk Mahalesi
Agora Çarsisi, 35
Tel. (0232) 8926945
Fax: (0232) 8926925

ÖFFNUNGSZEITEN UND FEIERTAGE

Geschäftszeiten

Staatliche Einrichtungen sind von 8.30 bis 12 Uhr mittags und von 13.30 bis 17 Uhr geöffnet, Die Geschäfte normalerweise von 9 bis 19 Uhr.

Gesetzliche Feiertage

1. Januar: Neujahr
23. April: Tag der Unabhängigkeit und des Kindes
19. Mai: Tag der Jugend und des Sports
30. August: Tag des Sieges
29. Oktober: Tag der Repubik

Das öffentliche Leben wird von den islamischen Feiertagen beeinflußt. Das Zuckerfest *(seker bayrami)* beendet den Fastenmonat Ramadan *(ramazan)*, der sich von Jahr zu Jahr verschiebt. Auch das Datum des Opferfestes, bei dem jede Familie ein Lamm schlachtet, variiert.

GESUNDHEIT UND NOTFÄLLE

Medizinische Versorgung

Falls irgend möglich, sollte man den Aufenthalt in einem türkischen Krankenhaus vermeiden. Selbst in Urlaubsgebieten is der Standard der medizinischen Versorgung keinesfalls mit dem westeuropäischer zu vergleichen. Die Einrichtungen sind überfüllt und schlecht ausgestattet. In Notfällen kann man sich in die Krankenhäuser *(hastane)* von Bodrum, Mugla, Antalya und Alanya einweisen lassen; in Izmir gibt es ein amerikanisches und in Istanbul ein deutsches Krankenhaus. Unbedingt vorzuziehen ist jedoch eine Behandlung im Heimatland, so daß eine entsprechende Rückführungsversicherung zu empfehlen ist.

In minder schweren Fällen kann man die niedergelassenen Ärzte *(doktor)* mit eigener Praxis konsultieren, die teilweise im Ausland studiert haben und über Fremdsprachenkenntnisse verfügen.

Mit Kleinigkeiten können Sie sich auch an Apotheken wenden. Antibiotika bekommen Sie dort übrigens rezeptfrei.

Krankenhäuser

Bodrum
Bodrum State Hospital
(Devlet Hastanesi), Turgutreis Caddesi
Tel: (0252) 3130880

Bodrum Clinic
(Klinik), Saglik Ocagi Turgutreis Cad.
Tel: (0252) 3163288

Antalya
Mediterranean University Medical School
Hospital
Akdeniz Universitesi Tip Fakültesi
Hastanesi
Tel: (0242) 2274343

Antalya State Hospital
(Devlet Hastanesi)
100 Yil Stadi Karsisi
Tel: (0242) 2435063

Wasser

Leitungswasser sollte nicht einmal in Luxushotels zum Zähneputzen verwendet werden. Abgefülltes Quellwasser, Soda oder Mineralwasser in Plastikflaschen wird fast überall angeboten.

Kriminalität

Gewaltverbrechen sind selten, Taschendiebstähle in den Touristengebieten dagegen häufig. Begehrtes Objekt sind Autos mit Kassettenrekordern bzw. Radios.

Drogen

Der Besitz von Drogen, auch Haschisch, wird als kriminelle Straftat eingestuft und mit langen Gefängnisstrafen geahndet.

Sollten Sie die Hilfe der Polizei *(polis)* benötigen, müssen Sie sich in Städten an den *karakol* (Polizeistation), in Gemeinden an die örtliche Gendarmerie *(jandarma birigi)* wenden.

KOMMUNIKATION UND MEDIEN

Telefon

Telefongespräche können in der Türkei vom Postamt (PTT) aus geführt werden.

Für Ortsgespräche verwendet man kleine Jetons, für Auslandsverbindungen große. Wenn Sie von der Türkei ein Auslandsgespräch führen, müssen Sie 00 vorwählen, dann die Vorwahl des Landes (Deutschland 49, Österreich 43, Schweiz 41) und der Stadt ohne Null und anschließend die Nummer des gewünschten Teilnehmers. Die Vorwahl der Türkei lautet 0090.

Viele Postämter haben einen Telegramm- und Fax-Service. Die Vorwahlnummern der größeren türkischen Städte:

Istanbul: 0212 für den europäischen Teil und 0216 für den asiatischen Teil

Izmir: 0232

Ankara: 0312

Die wichtigsten Telefonvorwahlen an der türkischen Küste lauten:

Alanya: 0242
Antalya: 0242
Bodrum: 0252
Dalaman: 0252
Fethiye: 0252
Finike: 0242
Kas: 0242
Kusadasi: 0256
Marmaris: 0252
Selçuk: 0232

Post

Die türkische Post ist normalerweise zuverlässig. Die Hauptpost (PTT) ist von 8 bis 24 Uhr geöffnet (Montag bis Samstag), am Sonntag von 9 bis 19 Uhr. Die Schalterstunden der kleineren Postämter entsprechen den Bürozeiten staatlicher Einrichtungen, sind jedoch sonntags geschlossen. In den Urlaubszentren haben die Schalter rund um die Uhr geöffnet.

Zeitungen

In der Türkei erscheint eine englischsprachige Zeitung, die *Turkish Daily News.* Größere internationale Blätter werden ebenfalls überall an der Küste verkauft.

AUSLÄNDISCHE VERTRETUNGEN

An der Türkischen Riviera gibt es folgende deutsche Generalkonsulate:

Izmir
Atatürk Cad., 260, Tel: (0232) 4216995, 4216996, 4217393, Fax: (0232) 4634023

Antalya
Yesilbahce Mahalessi, Pasakavaklari Cad., Tel: (0242) 3216914, 3229466, Fax: (0242) 3216914

Deutsches Generalkonsulat in Istanbul:
Inönü Cad., 16–18, Tel: (0212) 2515404 bis 08, Fax: (0212) 2499920

Eine und viele Pferdestärken

Botschaften in Ankara

Bundesrepublik Deutschland
Atatürk Bulvari, 114
Kavaklidere
Tel: (0312) 4265465, 4265451, 4265452,
4265453
9 bis 12 Uhr

Österreich
Atatürk Bulvari, 189
Kavaklidere
Tel: (0312) 1342172/3/4
9 bis 12 Uhr

Schweiz
Atatürk Bulvari, 247
Kavaklidere
Tel: (0312) 4675555
9 bis 15 Uhr

VERKEHRSMITTEL

Dolmus

Dolmus (sprich Dolmusch), Sammeltaxis oder Minibusse, verkehren auf einer festgelegten Route. Man zahlt entsprechend der zurückgelegten Strecke, die Preise werden von der jeweiligen Gemeinde festgesetzt. Die preisgünstigen, praktischen *dolmus* pendeln zwischen Städten und Dörfern.

Busse

Die Türkei verfügt über ein ausgedehntes Netz von Reisebusverbindungen. Die Fahrzeuge sind in den meisten Fällen bequem und kostengünstig; in größeren Städten fahren sie am Busbahnhof ab, in kleineren im Zentrum.

Mietwagen

Bodrum
Avis, Tel: (0252) 3162333, 3161996
Budget, Tel: (0252) 3163078, 3167383
Hertz, Tel: (0252) 3165375

Marmaris
Avis, Tel: (0252) 4123953, 4126313
Budget, Tel: (0252) 4122898, 4124144
Europcar, Tel: (0252) 4122001
Hertz, Tel: (0252) 4122552

Fethiye
Avis, Tel: (0252) 6146339

Antalya
Airtour Rent a Car, Tel: (0242) 322112
Avis, Tel: (0242) 2716693
Budget, Tel: (0242) 2476235

Helikopterflüge

Wer die Türkische Riviera aus der Vogelperspektive erleben will, kann sich an die Doruk Tourism and Travel Agency wenden. Die Adresse: Atatürk Cad., 1298. Sok. 1/4, Antalya; Tel: (0242) 2433909

UNTERKUNFT

Bekannt ist die Türkei für ihre Pensionen Es handelt sich dabei meist um Familienbetriebe mit freundlicher Atmosphäre. Wer sich für eine solche Unterkunft interessiert kann sich entweder bei den lokalen Fremdenverkehrsbüros oder den sog. TUREVS (Verband zur Entwicklung touristischer Beherbergungsbetriebe, Cumhuriyet Bulvari, El bir Ishani 84/404, Alsancak-Izmir, Tel./ Fax: (0232) 4257273) beraten lassen.

In den touristischen Zentren des ganzen Landes gibt es gute Hotels aller Kategorien, die zum Teil mit einer Lizenz de Tourismusministeriums versehen sind. In folgenden sind einige Hotels in Bodrum Marmaris, Fethiye und Antalya aufgeliste und ihre Angebote beschrieben.

Bodrum

In Bodrum kann man zwischen 300 Pensionen und vielen Hotels, darunter einig der Spitzenklasse, wählen. Auch in kleinen Dörfern und Städten im Umkreis vor 20 km gibt es Unterkünfte. In den meisten Hotels ist das Frühstück im Preis in begriffen.

CLUB ORA
Bodrum-Milas Karayolu
Kaynar Mevkii/ Bodrum
Tel: (0252) 3671500
Fax: (0252) 3671516

Ferienanlage 4 km außerhalb von Bodrum, die viel Abwechslung bietet: diverse Wassersportarten (Surfen, Kanufahren, Segeln und Wasserski) sowie ein Amphitheater. Für Kinder stehen ein Spielplatz und ein Schwimmbecken zur Verfügung. Rund 200 Zimmer.

CLUB MOBYDICK HOTEL**
Bitez Bodrum-Mugla
Tel: (0252) 3431509
Fax: (0252) 3431809
Hotelanlage 8 km außerhalb von Bodrum an einem Privatstrand. Rund 30 Zimmer.

BITEZ HAN HOTEL***
Bitez Yalisi/Bodrum
Tel: (0252) 3431766
Fax: (0252) 3431968
Strandhotel mit reichem Sportangebot, u.a. Tennis, Volleyball, Kanufahren, Surfen und Jakuzzi sowie Türkisches Bad und Sauna. Für Kinder stehen ein Spielplatz und ein Schwimmbecken zur Verfügung. 80 Zimmer.

CLUB AMARISSA***
Bitez Yalisi Kabakum Mevkii
48400 Bodrum/Mugla
Tel: (0252) 3431793
Fax: (0252) 3431795
Nette Ferienanlage mit Privatstrand, Restaurant und zwei Bars. Sportangebot: Swimmingpool mit Kinderbecken, Fuß- und Volleyball, Surfen, Wasser- und Jetski sowie Fahrradverleih. 78 Zimmer.

CLUB MARVERDE HOTEL****
Meselik Köyü, Kuyucak
Koyu, 48450 Milas/Mugla
Tel: (0252) 3745400
Fax: (0252) 3745068
Gut ausgestattetes Feriendorf in naturnaher Umgebung 15 km von Bodrum entfernt, das ein breites Freizeitangebot bereithält: u.a. Swimmingpool mit Kinderbecken, zwei Tennisplätze, Wassersport, Animation und Fitneßcenter. 162 Zimmer.

BOYDAS HOTEL****
Tilkilik Köyü Yalikavak
Bodrum
Tel: (0252) 3854299
Fax: (0252) 3854381

Hotel mit Anlegeplatz direkt am Meer, 18 km außerhalb von Bodrum; diverse Wassersportarten, 123 Zimmer.

SEA GARDEN HOTEL & VILLAGE*****
Yaliçiftlik P.O. 3, 48400 Bodrum
Tel: (0252) 3689010
Fax: (0252) 3689048
Nobelhotel im Grünen 25 km von Bodrum entfernt mit insgesamt vier Restaurants und acht Bars. Neben den gängigen Wassersportarten werden Parasailing und Tauchen angeboten. 285 Zimmer.

CLUB HOTEL M*****
Degirmen Mevkii, Haremtan
Bodrum-Mugla

Der Strand bei Marmaris

Tel: (0252) 3166100
Fax: (0252) 3162581
Feriendorf und Hotel mit Privatstrand im Stadtzentrum. Sportangebot: Tennis, Volleyball, Segeln, Kanufahren, Wasserski, Banana, Jetski und Tauchen. 200 Zimmer.

Marmaris

Wer sich erholen und dem Trubel der Hochsaison entgehen will, sollte in Marmaris – ebenso wie in Bodrum – eine Unterkunft wählen, die etwas außerhalb liegt. Ins Zentrum gelangt man mit dem Taxi, dem Boot oder der Straßenbahn, die bei jedem größeren Hotel hält.

EFENDI HOTEL**
Kenan Evren Blv. Içmeler
Marmaris-Mugla
Tel: (0252) 4552053
Fax: (0252) 4553313

Kleines Hotel direkt am Strand, das etwa 7 km außerhalb von Marmaris liegt und über ein Restaurant, zwei Bars und einen Swimmingpool verfügt. 30 Zimmer.

HOTEL IRMAK**
187 Sk. No: 6
Marmaris-Mugla
Tel: (0252) 4124386
Fax: (0252) 4124988
Hotel mit Restaurant und Swimmingpool inkl. Kinderbecken direkt im Zentrum. 36 Zimmer.

Alanya

HOTEL PORTOFINO***
Kayabal Caddesi, 84, Marmaris-Mugla
Tel./Fax: (0252) 4553601
Hotel im Grünen etwa 7 km außerhalb von Marmaris, das mit zwei Restaurants, zwei Bars und Swimmingpool inkl. Kinderbecken ausgestattet ist. 48 Zimmer.

LIDYA HOTEL***
Siteler Mh. 130
48700 Marmaris
Tel: (0252) 4122940
Fax: (0252) 4121478
Strandhotel direkt in Marmaris mit drei Restaurants, sieben Bars und Disko. Sportangebot: u. a. Kanufahren, Tauchen, Surfen und Wasserski. 336 Zimmer.

GRAND URARTU HOTEL****
Kayabal Cad. Içmeler
Marmaris-Mugla
Tel: (0252) 4553001
Fax: (0252) 4553379

Hotel mit zwei Restaurants, zwei Bars, Disko, Sauna und Swimmingpool, das 7 km außerhalb von Marmaris und 200 m vom Strand entfernt liegt. 98 Zimmer.

ART MARMARIS****
Kenan Evren Bul. Siteler, 59
Marmaris-Mugla
Tel: (0252) 4132274
Fax: (0252) 4121850
Hotel mit Privatstrand im Zentrum vor Marmaris, das mit einem Restaurant, einer Bar, Sauna und Swimmingpool inkl. Kinderbecken ausgestattet ist. Sportangebot: Kanufahren und Surfen. 85 Zimmer.

ALTINYUNUS HOTEL*****
Pamucak Mevkii
48700 Marmaris-Mugla
Tel: (0252) 4552200
Fax: (0252) 4552201
Feriendorf 4 km außerhalb von Marmaris mit drei Restaurants, acht Bars, Disko und Pizzeria. Sportangebot: Tennis und alle Wassersportarten. Insgesamt etwa 300 Zimmer.

Fethiye

OCAKKÖY HOLIDAY VILLAGE
Ocakköy, Ovacik, Fethiye-Mugla
Tel: (0252) 6166156
Fax: (0252) 6166158
Ruhige Ferienanlage 3 km vom Strand entfernt, die aus einem Dorf in den Hügeln entstanden ist. Zwei Restaurants, Swimmingpool inkl. Kinderbecken und Garten. Sportangebot: u. a. Volleyball und Reiten. 45 Zimmer, fünf davon behindertengerecht.

HILLSIDE BEACH CLUB
Kalemya Koyu Fethiye
P.K. 123 Fethiye 48300 Mugla
Tel: (0252) 6148360
Fax: (0252) 6148132
Feriendorf in einer Bucht 5 km außerhalb von Fethiye. Reiches Sportangebot. 330 Zimmer.

SEKETUR HOTEL**
Çalis Plajlari
43800 Fethiye-Mugla
Tel: (0252) 6131060
Fax: (0252) 6131061

Bummeln am Abend

Strandhotel 5 km außerhalb von Fethiye mit zwei Restaurants, Bar und Swimmingpool. Sportangebot: u. a. Segeln, Surfen, Banana und Jetski. 40 Zimmer.

MERI HOTEL***
Ölüdeniz
Fethiye-Mugla
Tel: (0252) 6166060
Fax: (0252) 6166456
Gemütliches Hotel direkt am Strand 14 km außerhalb von Fethiye; mit Restaurant und Kinderspielplatz. Sportangebot: u. a. Kanufahren, Banana, Wasserski, Trekking, Reiten und Parasailing. 75 Zimmer.

PIRLANTA HOTEL****
1. Karagözler Mevkii P.K. 20
Fethiye-Mugla
Tel: (0252) 6144959 PBX
Fax: (0252) 6141686
Hotel mit Restaurant, Bars, Nachtclub und Pool im Zentrum von Fethiye. 90 Zimmer.

Antalya

Hotel Marina
Mermeli Sk. 15
Keleiçi/Antalya
Tel: (0242) 2475490
Fax: (0242) 2411765
Hübsches Hotel im Stadtzentrum mit zwei Restaurants, mehreren Bars und Pool. 42 Zimmer.

HOTEL MAGIC MOUNT
Sehr schön auf einem Hügel gelegenes Hotel etwa 10 km außerhalb von Antalya; mit zwei Restaurants, Disko und Swimmingpool. Sportangebot: u.a. Parasailing. 35 Zimmer.

HOTEL VILLA ORHON**
Lara Caddesi, 1538 Sk. 3
07100 Sirinyalı Mevkii/Antalya
Tel: (0242) 3230426
Fax: (0242) 3230425
Kleines Strandhotel etwa 5 km außerhalb von Antalya mit zwei Restaurants, zwei Bars und Swimmingpool inkl. Kinderbecken. 28 Zimmer.

PERGE HOTEL**
Gençlik Mh. Perge Sk. 5
07100 Antalya

Tel: (0242) 2423600 PBX
Fax: (0242) 2417587
Hotel mit Privatstrand, zwei Restaurants und Bar im Zentrum von Antalya. 26 Zimmer.

LARA OTELI***
Lara Yolu
07100 Antalya
Tel: (0242) 3231460
Fax: (0242) 3231449
Etwa 7km außerhalb von Antalya; zwei Restaurants, Bars und Swimmingpool inkl. Kinderbecken. Wassersport möglich. 75 Zimmer.

ANTALYA START HOTEL***
Ali Çetinkaya Caddesi, 19
07100 Antalya
Tel: (0242) 3211200
Fax: (0242) 3211211
Mittelklassehotel direkt in Antalya. 56 Zimmer.

CENDER HOTEL****
30 Agustos Caddesi
07100 Antalya
Tel: (0242) 2434304 PBX
Fax: (0242) 2433981
Hotel im Stadtzentrum mit mehreren Restaurants, fünf Bars, Nachtclub, Sauna und Swimmingpool mit Kinderbecken. 156 Zimmer.

HOTEL ANTALYA DEDEMAN*****
Lara Yolu
07100 Antalya
Tel: (0242) 3213930
Fax: (0242) 3213873
Luxushotel etwas außerhalb des Stadtzentrums mit acht Restaurants, fünf Bars und Disko. Sportangebot: u. a. Aquapark und sämtliche Wassersportarten. 482 Zimmer.

TALYA OTELI*****
Fevzi Çakmak Caddesi, 30
07100 Antalya

Tel: (0242) 2486800 PBX
Fax: (0242) 2415400
Strandhotel mit Swimmingpool im Stadtzentrum. Sportangebot: u. a. Tennis, Surfen und Kanufahren. 204 Zimmer.

CLUB HOTEL SERA***
Lara Mevkii
07003 Lara/Antalya
Tel: (0242) 3493434
Fax: (0242) 3493454
Hotel der Spitzenklasse mit behinderten-gerechter Ausstattung 12 km außerhalb von Antalya. Rund 250 Zimmer.

Alanya
CLUB OASIS BEACH VISTA
Konkakli 07490
Alanya/Antalya
Tel: (0242) 5651451
Fax: (0242) 5651449
Feriendorf 12 km außerhalb von Alanya mit Restaurant, Bars und Disko sowie Swimmingpool inkl. Kinderbecken. Sportangebot: u.a. Tennis, Wasserski, Banana, Tauchen, Reiten. 850 Zimmer.

BLUE SKY HOTEL**
Hotel mit Restaurant im Zentrum nur 100 m vom Strand entfernt; mit Swimmingpool inkl. Kinderbecken und Spielplatz. Tauchen auf Anfrage. 54 Zimmer.

VIKINGEN HOTEL***
Konakli
07490 Alanya/Antalya
Tel: (0242) 5652545
Fax: (0242) 5652549
Hotel mit Privatstrand im Zentrum von Alanya. Restaurants, Bars und Swimmingpool, verschiedene Wassersportarten und Animation.

CLUB ALANTUR***
Dimçayi Mevkii
07400 Alanya/Antalya

Für Wassersportfans
Tel: (0242) 5181740 PBX
Fax: (0242) 5181756
Großzügige Hotelanlage 5 km außerhalb von Alanya mit vier Restaurants, fünf Bars und Disko. Sportangebot: u.a. Tennis, Volley- und Basketball, Surfen, Wasserski, Tauchen und Segeln. 350 Zimmer.

HOTEL ANANAS***
Altinyunus Hotels
07400 Alanya/Antalya
Tel: (0242) 5140900
Fax: (0242) 5140850
Luxushotel mit Privatstrand im Zentrum von Alanya. Sportangebot: Tennis, Volleyball und Surfen. 176 Zimmer.

NACHTLEBEN

Nachts lebt die Türkische Küste mit ihren ausgelassenen Clubs, Bars, Pubs und Diskos auf. Bis in die frühen Morgenstunden kann man sich dort vergnügen. Die wenigsten Diskotheken schließen vor 5 Uhr, und unermüdliche Nachtschwärmer lassen sich erst vom morgendlichen Ruf des Muezzin in den Schlaf singen. **Bodrum** ist für sein Nachtleben besonders berühmt; das Halikarnas mit seiner Tanzfläche unter freiem Himmel gilt als bekannteste Diskothek. Die beliebteste Bar der gesamten Türkei ist Hadi Gari, nicht zuletzt wegen der attraktiven türkischen Frauen und der B-52-Cocktails.

In **Marmaris** reihen sich die Bars an der Küste unterhalb der Zitadelle 2 km weit bis zum Hafen, wo man die Keyif Bar ausprobieren sollte. Im 2. Stock der Hafengebäude gelegen, eröffnet sie nachts einen wunderbaren Ausblick auf die funkelnden Lichter der Stadt. Bars und Nachtclubs en masse gibt es auch in **Fethiye.** Das Yasmin (Jasmine), eine Bar mit Livemusik, ist in einem griechischen Haus aus dem 19. Jh. untergebracht. In **Antalya** drängen sich die Bars und Pubs in der Altstadt oberhalb des Hafens.

SPORT
Tauchen
Tauchen erfreut sich entlang der Türkischen Küste, wo versunkene Schiffe liegen und sich Seesterne, Rochen und Seepferd-

:hen tummeln, zunehmender Beliebtheit. Mit mehreren Tauchschulen (siehe folgende Liste) ist Bodrum das Zentrum dieses Sports.

Ausländische Taucher dürfen nur in Begleitung eines geprüften türkischen Tauchführers und nur innerhalb entsprechend markierter Gebiete tauchen. Es ist streng verboten, bei Schiffswracks zu tauchen, die von der Regierung zum Staatseigentum erklärt wurden, es sei denn, man verfügt über eine entsprechende behördliche Genehmigung. Wer ohne eine solche Lizenz taucht, riskiert eine Anzeige wegen versuchten Antiquitätenschmuggels und eine Gefängnisstrafe. Die türkische Küstenwache kontrolliert viele Uferregionen, um zu verhindern, daß Schmuggler Amphoren, Statuen, Goldschmuck und andere Schätze mitnehmen.

Vergewissern Sie sich, daß Ihr Tauchführer entweder ein Padi- oder ein CMAS-Zertifikat (Balik Adamí Rehber) besitzt. In der Türkei gibt es drei Dekompressionskammern: im Staatlichen Fischerei-Institut in Bodrum (Cumhuriet Caddesi), in Çesme und im Ozeanografischen Institut in Çubuklu, Istanbul.

Die Tauchausrüstung mit Taucherbrille, Schnorchel und Sauerstofflasche wird von den Tauchschulen gestellt.

Bodrum
Era Tours
Neyzen Tevfik Caddesi, 4
Tel: (0252) 3162054 / 3162310

Motif Diving Center
Neyzen Tevfik Caddesi, 72
Tel: (0252) 3166252

Bangçuda Sedu Motel
Pasa Tarlasi Koyu
Tel: (0252) 3163007

GETUR
Neyzen Tevfik Caddesi, 122 B
Tel: (0252) 3167201 /
3167457

Marmaris
Professional Diving Centre
Iskele Meydani
Tel: (0252) 4130842

Fey Diving
Turban Holiday Village
Tel: (0252) 4125681

Octopus Diving Centre Ltd Co
Kordon Caddesi
Tel: (0252) 4123612/4125786

Fethiye
Diver Delight
Atatürk Caddesi, 38
Tel: (0252) 6121099

Marin Diving Centre
Atatürk Caddesi, 38/2
Tel: (0252) 6166820/6149788

European Diving Centre
Tel: (0252) 6149771

Segelboote – Verleih und Wartung

Von Bodrum aus kann man viele Reisen („Blaue Fahrt") mit dem Schiff antreten, zum Beispiel zu dem benachbarten **Golf von Gökova** und den kleinen Buchten der **Halbinsel Datça.** Ein Ausflug mit dem Boot ist vielleicht die schönste (und oft auch die preiswerteste) Möglichkeit, die antiken Stätten an der Türkischen Riviera zu besuchen. „Blaue Fahrten" werden auch von Marmaris aus organisiert.

Bodrum und Marmaris sind Heimathäfen für Hunderte von einheimischen und ausländischen Booten; man kann sie bei vielen Firmen chartern. Der beliebteste Bootstyp ist das in Bodrum gebaute *gulet*, ein kleines, zwischen 16 und 23 m langes Schiff mit vier bis sechs Kabinen. Zwei weitere Schiffstypen werden in Bodrum gebaut: das größere *aynakiç* („Spiegel-Aß") und das kleinere *tirandil*, das sich für kürzere Fahrten empfiehlt. Außerdem werden Segelboote aus Fiberglas angeboten. Chartern kann man auf mehrere Arten:

„Einsame" Bucht

- **Flottille:** Eine Flottille fährt unter Führung eines Bootes, das von einem erfahrenen Kapitän kommandiert wird. Mit dabei sind ein Maschinist, der bei technischen Pannen helfen kann, und eine Hostess, die die besten Restaurants und Lebensmittelgeschäfte kennt. Diese Art des Charterns ist für erfahrene Hobby-Kapitäne gedacht, die sich in der Gegend nicht auskennen.
- **Charter ohne Kapitän:** Bei dieser Art sind Sie ganz auf sich allein gestellt. Das Charterunternehmen stellt keine Lebensmittel; Sie müssen sich also selbst versorgen. Wenn Sie ein Boot ohne Kapitän chartern möchten, benötigen Sie einen RYA-Jachtmeister oder ein Übersee-Helmsmans-Zertifikat.
- **Gulets:** Auf diesen Yachten stehen ein Kapitän und eine Crew zur Verfügung, die alle Arbeiten, einschließlich des Zubereitens von Mahlzeiten, für Sie erledigen. Sie selbst müssen sich nur noch entspannen. Diese Art der Schiffsreise ist die teuerste, aber auch die erholsamste.
- **Tagesausflüge:** Diese Ausflüge sind ideal für alle, die sich nicht gerne tagelang auf einem Boot aufhalten. Gemeinsam mit anderen ist man einen ganzen Tag unterwegs, legt in kleinen Fischerhäfen und Buchten an, in denen man baden kann, und kehrt am Abend zurück. Ein solches

Boot kann man entweder für sich allein oder gemeinsam mit anderen chartern. Tagesausflüge, die meist morgens starten werden in den meisten Küstenorten angeboten.

Hier eine Liste mit den größten Jacht-Charter-Unternehmen:

Bodrum
Uncle Sun
Atatürk Caddesi, 6
Tel: (0252) 3162659 /
3165501

Duru Kos Turizm
Atatürk Caddesi
Tel: (0252) 3161868

Duru Turizm
Atatürk Caddesi, 20
Tel: (0252) 31661413 / 3166756

Ege Yacht Service
Pasa Tarlasi, 21
Tel: (0252) 3161734 / 3161517

Era Turizm
Neyzen Tevfik Caddesi, 4
Tel: (0252) 3162310 / 3162054

Gino Tours
Neyzen Tevfik Caddesi, 200/9
Tel: (0252) 3162166

Merhaba Tourism
Iskele Meydani, 67
Tel: (0252) 3162086

Pupa Yachting
Firkateyn Sokak, 19
Tel: (0252) 3162398

Marmaris
Es-Er Yachting
Haci Mustafa Sok
Tel: (0252) 4122552

Mengi Yachting
Haci Sabri Sokak, 7a
Tel: (0252) 4121307

Setur Yatçılık
Barbaros Caddesi, 87
Tel: (0252) 4124608

Spaziergang am Strand

'enüs Yachting
'alatpasa Sok
)emirtas Apt 24
'el: (0252) 4128535

'esil Marmaris Tourism and Yacht
Management
3arbaros Caddesi, 11
'el: (0252) 4122290

'ethiye
Llesta Yachting and Travel Agency
.orbey Apt, 21
'at Limanı Karsisi
'el: (0252) 6122367

Antalya
1K-HA Turizm ve Seyahat Acentesi
.onyaalti Caddesi
iıtkı Göksoy Apt 40/ 19
'el: (0242) 2420071/2411120

3ond Turizm
3ahçelievler Mahalesi
'amis Caddesi
'el: (0242) 2470324/2419315

'amfilya Tourism
'at Limani
'el: (0242) 2421401

iun Marine
'at Limani, Kaleiçi
'el: (0242) 2410345/2472545

'urban Seyahat Acentesı
'at Limani
'el: (0242) 2423678

Jagen und Fischen

Antalya ist ein Paradies für Jagdfreunde.
.n den Bey-Daglari- und den Taurus-Ber-
'en gibt es große Wildbestände. Aus aller
Velt kommen Besucher, um den berühm-
.en Steinbock *(yaban dag keçisi)* zu erle-
.en. Ferner ist die Jagd auf Füchse, Ka-
.inchen und Marder erlaubt. Jagdvögel
ind Wachteln, Turteltauben, Wildenten
.nd Waldschnepfen. An den Flüssen
Aanavgat, Akçayi, Karaçayi und
Köprüçayi in der Provinz Antalya kann
.an Forellen fischen.
  Informationen erteilt der Jagdverband
.ntalya.

Avcilar Dernegi
Kilit Is Hani
Ismetpaˌsa Caddesi
Tel: (0242) 2417626

Magic Life Club
Kemer
Tel: (0242) 8151511

Golf

1994 wurde in Belek im Osten von Antalya der erste professionelle 18-Loch-Golf-
platz an der Türkischen Riviera, der National Golf Club, eröffnet. Neben dem
Golfplatz bietet das Resort eine Driving-
Range und 9-Loch-Kombinationen für An-
fänger. Man kann Clubs, Carts und Cad-
dies ausleihen und einen Profi mieten, der
hilfreiche Tips gibt. Vorherige Reservie-
rung unter:
  The National Golf Club, Belek, Antalya,
Tel: (0242) 7254620, Fax: (0242)
7254621.

Bergsteigen, Trekking und Höhlenbesichtigungen

Von Antalya aus werden Ausflüge organisiert, u. a. zu den Höhlen von Beldibi und
Karain, die in der Steinzeit bewohnt waren und zu den größten der Türkei zählen.
  Dakor Gezi Tourism unternimmt Klet-
ter- und Trekkingtouren im Taurusgebir-
ge; Tel: (0242) 7254620, Fax: (0242)
7254621.

Rafting

In Antalya bieten drei Veranstalter Raf-
ting-Touren an:
Orbit-Medcraft, Tel: (0242) 2480083
Zelga Turizm, Tel: (0242) 7228307; Fax:
(0242) 7228307
Alraft Rafting and Riding Club, Tel: (0242)
5123966, Fax: (0242) 5131759.

Skifahren

Zwischen März und April kann man in
Sakhkent, der „versteckten Stadt", Ski
fahren, während das Mittelmeer zum Baden einlädt. Der Wintersportort liegt nur
50 km von Antalya entfernt in den Bey-
Daglarç-Bergen. Weitere Informationen erhalten Sie unter Tel: (0242) 2421306 oder
3450942.

LITERATUR

Archäologie und Geschichte

Bean, George E.: Kleinasien in 4 Bdn. Ein Kunstführer und Reiseführer zu den klassischen Stätten. Kohlhammer, Stuttgart, Berlin 1987.
Bd. 1: Die ägäische Türkei von Pergamon bis Didyma.
Bd. 2: Die türkische Südküste von Antalya bis Alanya.
Bd. 3: Jenseits des Mäander. Karien mit dem Vilayet Mugla.
Bd. 4: Lykien.

Deuel, Leo: Heinrich Schliemann. Eine Biographie. Mit Selbstzeugnissen und Bilddokumenten. Rohwolt o.J.

Fink, Humbert: Der Weg nach Jerusalem. Die unglaubliche Geschichte des 1. Kreuzzugs. List, München 1984.

Lloyd, Seton: Die Archäologie Mesopotamiens. Von der Altsteinzeit bis zur persischen Eroberung. Beck, München 1987.

Mayer, Hans E.: Geschichte der Kreuzzüge, Stuttgart 1985.

Schillebeeck, Edward: Paulus. Zeuge Jesu und Völkerapostel. Deutscher Bücherbund, Stuttgart, München u.a. 1982.

Schliemann, Heinrich: Kein Troja ohne Homer. Goldmann, München 1963.

ders.: Trojanische Altertümer. Edition Deutsche Bibliothek, München 1983.

Sonmez, Ergün: Die Türkei von Atatürk bis heute, Express, Berlin 1985.

Landeskunde

Bart, Wolfgang: Leben in der Türkei. Verlag an der Ruhr, Mülheim 1992.

Yurtdas, Barbara: Gebrauchsanweisung für die Türkei. Piper, München 1992

Reiseliteratur

Apa Guide Türkische Küste, hrsg. v. Martin Demirsar. Apa Publications, München 1996

Stark, Freya: Pässe, Schluchten und Ruinen. Die abenteuerliche Reise einer Frau auf den Spuren Alexanders des Große in Kleinasien. Weitbrecht-Verlag, Stuttgart 1993

Belletristik

Euripides: Die Troerinnen. Reclam, Stuttgart 1987.

Homer: Ilias. dtv, München 1988.

ders.: Die Abenteuer des Odysseus, Goldmann, München 1989.

Kemal, Yasar: Anatolischer Reis. dtv, München 1987.

Kemal, Yasar: Die Disteln brennen. Unionsverlag Zürich o.J.

Kemal, Yasar: Das Lied der tausend Stiere. dtv, München 1985.

Kemal, Yasar: Töte die Schlange. Unionsverlag, Zürich 1988.

Kemal, Yasar: Das Unsterblichkeitskraut. Unionsverlag, Zürich 1986.

Kemal, Yasar: Memed mein Falke. Unionsverlag, Zürich 1986.

Özcan, Celal: Die Türkei in kleinen Geschichten. dtv, München o.J.

Fotografie Basin Ajansi, Tolan Arlıhan, Lalepar Aytek, Metin Demirsar, Ara Güler, Semsi Güner, Hans Höfer, Ulus Lararasi, Enis Özbank, Marcus Wilson Smith, Phil Wood

Handschriften V. Barl

Umschlagentwurf Klaus Geisler

Karten Lovell Johns, Berndtson & Berndtson